포퓰리즘

첫 단 추 시 리 즈
036

포퓰리즘

카스 무데 · 크리스토발 로비라 칼트바서 지음
이재만 옮김

교유서가

차례

제 I 장

포퓰리즘이란
무엇인가?

포퓰리즘은 21세기에 유행하는 주요 정치 용어 중 하나다. 이 용어는 라틴아메리카에서 좌파 대통령들을, 유럽에서 집권당에 도전장을 내민 우파 정당들을, 그리고 미국에서 좌파와 우파 양쪽의 대통령 후보들을 지칭하는 데 쓰이고 있다. 하지만 이 용어는, 다수의 저널리스트에게나 독자에게나 크게 호소하기는 해도, 워낙 폭넓게 쓰이다보니 혼란과 불만을 낳고 있다. 이 책의 목표는 포퓰리즘 현상을 명확히 설명하고 현대 정치에서 포퓰리즘이 얼마나 중요한지 보여주는 것이다.

이 책은 포퓰리즘에 대한 특수한 해석을 제시한다. 많은 이들이 공유하지만 지배적이지는 않은 해석이다. 이 해석의 주된 장점은 일반적으로 포퓰리스트로 묘사되는 정계 인물

들 대다수의 핵심을 포착하는 동시에 포퓰리스트와 비(非)
포퓰리스트를 구분할 수 있게 해주는 명확한 포퓰리즘 정의
를 제시한다는 데 있다. 이런 이유로 우리의 해석은 포퓰리
즘 용어에 대한 두 가지 주요 비판을 논박한다. 하나는 포퓰
리즘이 본질적으로 정적을 비난하기 위한 정치적 전투 용어
(Kampfbegriff)라는 것이고, 다른 하나는 포퓰리즘이 너무나
모호하고 따라서 어느 정계 인물에게나 적용된다는 것이다.

　우리는 포퓰리즘을 무엇보다도 자유민주주의라는 맥락 안
에 둔다. 이는 이데올로기보다 경험과 이론에 근거하는 선택
이다. 이론 측면에서, 포퓰리즘은 민주주의 자체나 다른 어떤
민주주의 모델보다도 자유민주주의와 가장 근본적으로 병존
한다. 경험 측면에서, 더 유력한 포퓰리스트들은 자유민주주
의 얼개 안에서, 즉 자유민주주의인 체제나 자유민주주의가
되려는 체제 안에서 민중을 동원한다. 이것은 특정한 포퓰리
즘에 초점을 맞추는 명백히 한정적인 선택이다. 그렇다고 해
서 우리가 자유민주주의를 결함 없는 체제로, 또는 다른 대안
적 민주주의 체제를 그 정의상 비민주적인 체제로 여기는 것
도 아니고, 우리의 접근법이 자유민주주의 얼개 안에서만 적
용되는 것도 아니다.

본질적으로 이론의 여지가 있는 개념

어떤 중요한 개념도 논쟁의 여지가 없지 않지만, 포퓰리즘에 대한 논의는 이것이 무엇이냐는 물음만이 아니라 이것이 과연 존재하느냐는 물음과도 관련이 있다. 정녕 포퓰리즘은 본질적으로 이론(異論)의 여지가 있는 개념이다. 개념상 혼란을 보여주는 완벽한 예로는 영향력이 큰 저작 『포퓰리즘: 그 의미와 국가별 특색Populism: Its Meaning and National Characteristics』이 있는데, 이 책의 필진은 포퓰리즘을 이데올로기, 운동, 신드롬 등으로 서로 다르게 정의한다. 설상가상으로 세계의 여러 지역에서 포퓰리즘은 서로 딴판인 현상들과 동일시되고 때로 그런 현상들과 융합되는 경향을 보인다. 예를 들어 포퓰리즘은 유럽 맥락에서는 대개 반이민 정서와 외국인 혐오를 가리키는 반면, 라틴아메리카에서는 흔히 후견주의나 부실한 경제 관리를 시사한다.

혼란의 한 가지 원인은 민중이나 조직이 스스로 포퓰리즘을 표방하는 경우는 거의 없다는 사실에 있다. 오히려 포퓰리즘은 다른 민중이나 조직에 십중팔구 부정적인 의미로 붙이는 딱지다. 대체로 동의하는 소수의 포퓰리즘 사례들, 이를테면 아르헨티나 전 대통령 후안 도밍고 페론이나 네덜란드의 살해당한 정치인 핌 포르타윈조차 스스로 포퓰리스트라고 인정하지 않았다. 포퓰리즘이 스스로를 규정하는 텍스트나 원형(原型) 사례를 주장할 수 없는 까닭에 학자들과 저널리스트들은 이 용어를 사용해 매우 다양한 현상을 가리키고 있다.

우리의 이른바 이념적 접근법은 학계의 다양한 분과에서 폭넓게 쓰일뿐더러 더 함축적인 방식으로 여러 언론에서도 쓰이고 있지만, 포퓰리즘에 다가가는 몇 가지 접근법 중 하나일 뿐이다. 모든 접근법을 빠짐없이 개관하는 것은 이 얇은 책에서 도저히 불가능하거니와 집필 목표에도 벗어나는 작업이다. 그렇지만 우리는 특정 분과나 지역에서 흔히 사용하는 가장 중요한 대안적 접근법들을 언급하고자 한다.

민중을 행위 주체로 보는 접근법에 따르면, 포퓰리즘이란 민중이 정치 참여를 통해 구축하는 민주적 생활방식이다. 이 접근법은 특히 미국 역사가들과 19세기 후반 북아메리카의 원형적 포퓰리스트들―포퓰리스트당〔populist party: 이는 별칭이고 정식 당명은 민중당people's party이다―옮긴이〕 지지자들―에 관한 책을 쓴 저자들 사이에서 흔하며, 가장 대표적인 저작은 로런스 굿윈의『민주적 약속: 미국에서의 포퓰리즘적 국면Democratic Promise: The Populist Moment in America』일 것이다. 민중을 행위 주체로 보는 접근법은 포퓰리즘을 본질적으로 (평범한) 민중을 동원하고 공동체주의적 민주주의 모델을 발전시키는 긍정적인 힘으로 여긴다. 이 접근법은 (거의 모든 진보적 대중운동을 포함하는) 다른 대다수 접근법들보다 포퓰리스트 행위자들을 더 넓고도 더 좁게 해석한다.

라클라우식 접근법은 특히 정치철학 내 이른바 비판적 연구에서, 그리고 서유럽과 라틴아메리카의 정치에 관한 연구에서 유행하고 있다. 이 접근법은 고인이 된 아르헨티나 정치이론가 에르네스토 라클라우의 선구적 저술과 그가 근래에 벨기에인 아내 샹탈 무페와 공동 연구한 저술에 기초하며, 포퓰리즘이란 정치의 본질일 뿐 아니라 해방의 힘이기도 하다고 주장한다. 이 접근법에서 자유민주주의는 문제이고 급진민주주의는 해결책이다. 포퓰리즘은 현재 상황을 바꾸려는 목표로 정치에 분쟁을 다시 도입하고 사회에서 배제된 부문들의 동원을 촉진함으로써 급진민주주의를 성취하는 데 이바지할 수 있다.

사회경제적 접근법은 특히 1980년대와 1990년대에 라틴아메리카 포퓰리즘에 관한 연구에서 우세를 점했다. 루디거 돈부시와 제프리 삭스 같은 경제학자들은 포퓰리즘을 주로 무책임한 경제정책의 한 유형으로, 즉 먼저 외채로 자금을 조달해 대규모 지출을 하는 기간과 뒤이어 초인플레이션이 발생하고 가혹한 경제조정을 시행하는 기간을 특징으로 하는 정책으로 이해했다. 사회경제적 접근법은 사회과학의 다른 대다수 분과들에서 지지를 잃었는데, 주된 이유는 훗날 라틴아메리카의 포퓰리스트들이 신자유주의 경제를 지지한 데 있었다. 그렇지만 특히 미국에서는 이 접근법이 경제학자들과 저널리스트들 사이에서 여전히 쓰이고 있다. 좀더 대중적인 표현인 '포퓰리즘 경제'는 (지나친) 부의 재분배와 정부 지출을 포함하는 까닭에 무책임하다고 여겨지는 정치 프로그램을 가리킨다.

더 근래의 접근법에 따르면, 포퓰리즘이란 무엇보다 추종자들의 직접적이고 무매개적인 지지에 기반해 통치하려는 특정 유형의 지도자가 구사하는 정치 전략이다. 이 접근법은 특히 라틴아메리카와 비서구 사회의 연구자들 사이에서 인기가 있다. 이 접근법은 포퓰리즘이 강하고 카리스마적인 인물, 권력을 집중시키고 대중과의 직접적인 연계를 유지하는 인물의 출현을 내포한다고 강조한다. 이 관점에서 보면, 그 지도자가 오래지 않아 사망할 테고 그의 위치를 차지하려는 격렬한 분쟁이 불가피하게 뒤따를 것이므로 포퓰리즘은 장기간 존속될 수 없다.

마지막 접근법은 포퓰리즘을 주로 지도자와 정당이 대중을 동원하기 위해 활용하는 통속적인 정치 스타일로 여긴다. 이 접근법은 특히 (정치적) 의사소통 연구뿐 아니라 미디어에서도 인기가 있다. 이 관점에 따르면, 포퓰리즘은 미디어의 관심과 대중의 지지를 극대화하기 위한 아마추어적이고 비전문적인 정치 행위를 가리킨다. 포퓰리스트는 복장 규정과 언어

예법을 존중하지 않음으로써 스스로를 기존 지도자와는 다른 새로운 지도자로, 아울러 '엘리트'에 맞서 '민중' 편에 서는 용기 있는 지도자로 내세울 수 있다.

상술한 접근법들은 저마다 중요한 장점을 가지고 있으며, 다양한 관점은 우리의 이념적 접근법과 양립할 수 있다. 따라서 우리가 여기서 이 접근법들에 동의하지 않기 때문에 그것들을 무시하는 건 아니다. 오히려 우리는 이 얇은 책에서 처음부터 끝까지 하나의 분명하고 일관된 접근법을 제시하고자 한다. 비록 특수한 렌즈를 통해 포퓰리즘을 바라보는 접근법이지만, 우리는 독자들이 포퓰리즘이라는 매우 복잡하지만 중요한 현상을 더 잘 이해하는 데 이념적 접근법이 도움이 되리라 믿는다.

이념적 접근법

포퓰리즘의 본질에 대한 오랜 논쟁에서 일부 학자들은 포퓰리즘이 사회과학에서 유의미한 개념일 수 없다고 주장한 반면, 다른 학자들은 포퓰리즘을 주로 규범적 용어로 여기고서 미디어와 정치에 국한해 사용해야 한다고 주장했다. 이런 혼란은 이해할 만한 일이지만, 유럽에서 아메리카에 이르기까지 정치에 대한 논쟁에서 중심에 있는 용어인 **포퓰리즘**을 간단히 폐기할 수는 없다. 더욱이 지난날과 오늘날 포퓰리즘의 모든 중요한 양태의 핵심을 정확히 포착하면서도 분명히 비포퓰리즘적인 현상들을 배제할 만큼 엄밀하게 포퓰리즘을 정의하는 것도 가능하다.

지난 10년간 점점 더 많은 사회과학자들이 포퓰리즘을 하나의 담론, 이데올로기, 또는 세계관으로 보는 '이념적 접근법'에 주로 근거해 포퓰리즘 정의를 내놓았다. 의견 일치를 본 것과 거리가 멀긴 하지만, 포퓰리즘에 대한 이념적 정의들은 세계 각지(무엇보다 서유럽에서, 그렇지만 점점 더 동유럽과 아메리카 대륙에서도)의 연구에서 성공적으로 사용되어왔다. 이념적 접근법을 옹호하는 학자들 대다수는 우리 정의의 핵심 개념들을 공유한다(다만 주변적 개념들이나 정확한 언어까지 꼭 공유하는 것은 아니다).

학자들은 포퓰리즘을 규정하는 속성들에는 동의하지 않지만, 어떤 형태의 포퓰리즘이든 일종의 '민중'에 대한 호소와 '엘리트'에 대한 비난을 포함한다는 데에는 대체로 동의한다. 그러므로 포퓰리즘이 언제나 기득권층에 대한 비판과 보통사람들에 대한 과찬을 포함한다고 말해도 지나치게 논쟁적인 주장은 아닐 것이다. 더 구체적으로 우리는 포퓰리즘을 이렇게 정의한다. **포퓰리즘이란 사회가 궁극적으로 서로 적대하는 동질적인 두 진영으로, 즉 '순수한 민중'과 '부패한 엘리트'로 나뉜다고**

여기고 정치란 민중의 일반의지의 표현이어야 한다고 주장하는, 중심이 얇은 이데올로기다.

포퓰리즘을 '중심이 얇은 이데올로기'로 규정하는 방식은 흔히 말하는 이 개념의 가변성을 이해하는 데 도움이 된다. 이데올로기는 인간과 사회의 본성에 관한, 아울러 사회의 조직과 목표에 관한 일군의 규범적 이념이다. 간단히 말해 이데올로기는 세계가 어떠하고 또 어떠해야 한다는 견해다. '중심이 두껍'거나 '완전한' 이데올로기들(예컨대 파시즘, 자유주의, 사회주의)과 달리, 포퓰리즘처럼 중심이 얇은 이데올로기들은 다른 이데올로기들에 들러붙는 것처럼(그리고 때로는 흡수되는 것처럼) 보이기 마련인 한정된 형태들로 나타난다. 사실 포퓰리즘은 거의 언제나 다른 이데올로기의 요소들에, 더 폭넓은 공중에게 호소하는 정치 프로젝트를 촉진하는 데 아주 중요한 요소들에 들러붙는 것처럼 보인다. 이런 이유로 포퓰리즘은 단독으로는 현대 사회가 낳는 정치적 문제들에 복잡한 해답도, 포괄적인 해답도 내놓지 못한다.

이는 포퓰리즘이 서로 판이하게 다른 여러 형태로 나타날 수 있으며, 어떤 형태로 나타날지는 포퓰리즘의 핵심 개념들이 외견상 다른 개념들과 연결되어 해석의 얼개를 형성하는 방식에 달려 있음을 의미한다. 그런 해석 얼개들의 호소력은 사회마다 다소 다르다. 이 관점에서 보면, 포퓰리즘은 개인들이 정치적 현실을 분석하고 이해하기 위해 의존하는 일종의 심상지도(mental map)로 이해해야 한다. 포퓰리즘은 일관된 이데올로기 전통이라기보다는 오히려 현실 세계에서 서로 확연히 다르고 때로 상반되는 이데올로기들과 결합되는 것으로 보이는 일군의 이념이다.

포퓰리즘 이데올로기가 얇다는 사실은 일부 학자들이 포퓰리즘을 일시적인 현상으로 여겨야 한다고 말해온 이유 중 하나다. 포퓰리즘은 실패하거나, 설령 성공하더라도 스스로를 '초월'해 더 큰 무언가가 된다는 것이다. 포퓰리즘이 유동적인 주된 이유는 다른 이데올로기의 개념들을 사용할 수밖에 없기 때문이다. 그 개념들은 포퓰리즘의 개념들보다 더 복잡하고 안정적일 뿐 아니라 포퓰리즘의 '하위유형들'을 형성할 수 있게 해준다. 달리 말하면, 특정 국면에서는 포퓰리즘 자체가 적절할 수도 있지만, 길게 보면 포퓰리스트가 존속하는 데에는 포퓰리즘 이데올로기의 형태와 밀접히 연관된 다수의 개념들이 적어도 포퓰리즘 자체만큼이나 중요하다. 이런 이유로 포퓰리즘이 순수한 형태로 존재하는 경우는 거의 없다. 오히려 포퓰리즘은 다른 개념들과 결합되고 그 덕분에 겨우 생존하는 것으로 보인다.

포퓰리즘에 대한 이념적 정의들이 비판받는 주된 이유 중 하나는 정의의 폭이 너무 넓어서 잠재적으로 모든 정치 행위자, 운동, 정당에 적용될 수 있다는 데 있다. 어떤 개념이 유용해지려면 정의하려는 현상을 포함하는 동시에 다른 모든 현상을 배제해야 한다는 데 우리는 동의한다. 달리 말해, 우리의 포퓰리즘 정의는 비포퓰리즘이 있는 경우에만 타당하다. 그리고 포퓰리즘에 정반대되는 것들이 적어도 두 가지는 있다. 바로 엘리트주의와 다원주의다.

엘리트주의는 사회를 동질적인 '선한' 이들과 '악한' 이들로 나누는 포퓰리즘의 기본적인 이원론적 구분을 공유하면서도 두 집단의 덕성을 정반대로 바라본다. 간단히 말해 엘리트주의자들은 '민중'이 위험하고 부정직하고 천박한 부류이고 '엘리트'가 도덕적 측면만이 아니라 문화적·지적 측면에서도 우월하다고 믿는다. 이런 이유로 그들은 정치를 엘리트가 배타적으로 또는 주로 담당하고 민중에게 발언권을 주지 않기를 바란다. 그들은 민주주의를 아예 거부하거나(예컨대 프란시스코 프랑코나 아우구스토 피노체트처럼), 제한된 민주주의 모델을 지지한다(예컨대 호세 오르테가 이 가세트나 조지프 슘페터처럼).

다원주의는 포퓰리즘과 엘리트주의 모두의 이원론적 시각에 완전히 반대하고, 사회가 각기 다른 생각과 이해관계를 가진, 서로 어느 정도 겹치는 다종다양한 집단들로 나뉜다고 본다. 다원주의 내에서 다양성은 약점이 아닌 강점으로 평가받는다. 다원주의자들은 사회에 권력의 중심이 여럿 있으며 타협과 합의를 통해 여러 집단의 이익과 가치를 정치에 최대한 반영해야 한다고 믿는다. 요컨대 다원주의의 주된 이념은 특정 집단—남성이든 종족공동체든 경제적·지적·군사적·정치적 중핵 집단이든—이 자신들의 의지를 다른 집단들에 강요할 만한 역량을 지닐 수 없도록 사회 전체에 권력을 고루 분배해야 한다는 것이다.

포퓰리즘과 후견주의의 근본적인 차이점을 밝히는 것도 중요하다. 문헌에서(특히 라틴아메리카 정치에 관한 문헌에서) 두 용어가 곧잘 혼용되기 때문이다. 후견주의는 선거구민들과 정치인들의 **교환** 방식으로, 즉 유권자들이 후견자나 정당을 지지하는 조건으로 이익(예컨대 직접적인 보상이나 고용과 재화, 서비스에 대한 특권적 접근 등)을 얻는 방식으로 이해하는 편이 가장 좋다. 의심할 바 없이 라틴아메리카의 많은 포퓰리스트 지도자들은 후견주의 연계를 활용해 선거에서 승리하고 권력을 유지해왔다. 그렇지만 그들만 그렇게 한 것은 아니며, 포퓰리즘과 후견주의 사이에 특별한 친연성이 있다고 생각할 이유는 없다. 포퓰리즘은 무엇보다도 상이한 정치 행위자들과 유권자들이 공유할 수 있는 이데올로기인 반면, 후견주의는 본질적으로 (서로 다른 이데올로기를 가진) 지도자들과 정당들이 선거에서 승리하고 정치권력을 행사하기 위해 구사하는 전략이다.

후견주의와 포퓰리즘의 단 한 가지 확실한 유사점은 둘 다 좌파-우파 구분과 무관하다는 것이다. 후견주의적 정당-유권자 연계를 활용하는 방식도, 좌파 또는 우파 정치를 옹호하는 입장도 포퓰리즘을 규정하는 무언가가 아니다. 포퓰리즘은 어떤 사회경제적·사회정치적 맥락에서 출현하느냐에 따라 여러 조직 형태를 취할 수 있고, 다양한 정치 프로젝트를 지지할 수 있다. 이는 포퓰리즘이 중심이 얇은 성격을 바탕으로 시간과 장소에 따라 뚜렷이 다른 형태들로 변화할 수 있다는 뜻이다. 예를 들어 라틴아메리카의 포퓰리즘은 1990년대에는 대부분 신자유주의적인 외양으로(예컨대 페루의 알베르토 후지모리) 나타났지만, 2000년대에는 주로 급진 좌파의 변형으로(예컨대 베네수엘라의 우고 차베스) 나타났다.

핵심 개념들

포퓰리즘에는 세 가지 핵심 개념이 있다. 민중, 엘리트, 그리고 일반의지다.

민중

포퓰리즘 개념과 현상을 둘러싼 논쟁은 대체로 '민중(the people)' 용어의 모호함을 중심으로 전개된다. 사실상 모두가

'민중'이 구성물이며 기껏해야 특정한 현실 해석(그리고 단순화)을 가리킨다는 데 동의한다. 이런 이유로 여러 학자들은 민중 개념이 너무 모호해 쓸모가 없다고 주장했고, 또다른 학자들은 '심장부' 같은 더 구체적인 대안을 찾았다. 그렇지만 라클라우는 포퓰리즘이 강력한 정치 이데올로기이자 현상인 이유는 바로 '민중'이 '텅 빈 기표'라는 사실에 있다고 설득력 있게 주장했다. 다양한 유권자들에게 호소하는 방식으로 '민중'을 설정하고 또 그들의 요구를 명확히 표명하는 능력이 있는 까닭에, 포퓰리즘은 상이한 집단들 사이에서 공통 정체성을 만들어내고 공통 대의에 대한 지지를 이끌어낼 수 있다.

'민중'은 매우 유연하게 쓰일 수 있는 구성물이지만, 대부분 다음 세 가지 의미로 쓰인다. 주권자로서의 민중, 보통사람들로서의 민중, 국민으로서의 민중. 세 경우에 '민중'과 '엘리트'를 나누는 주요 구분선은 각각 정치권력, 사회경제적 지위, 국적이라는 2차 특징과 연관된다. 사실상 포퓰리즘의 모든 발현 형태가 이 2차 특징들과의 결합을 포함하는 까닭에, 민중의 세 가지 의미 중 하나만 부각되는 경우는 드물다.

주권자로서의 민중 개념은 '민중'을 정치권력의 궁극적 원천만이 아니라 '통치자'로도 규정하는 근대의 민주적 이념에 기초한다. 이 개념은 미국 혁명과 프랑스 혁명, 즉 미국 대통령 에이브러햄 링컨의 유명한 표현대로 '국민의, 국민에 의한,

국민을 위한 정부'를 확립한 두 혁명과 밀접한 관련이 있다. 그렇지만 민주주의 체제가 형성된다고 해서 피치자와 통치자의 간극이 완전히 사라지는 것은 아니다. 특정한 상황에서 주권자 민중은 권력을 잡은 엘리트층이 자신들을 (제대로) 대표하지 않는다고 느껴 정치 기득권층을 비판하고 더 나아가 기득권층에 반발할 수 있다. 그럴 경우 '정부를 민중에게 돌려주기' 위한 포퓰리즘적 투쟁의 무대가 마련될 수 있다.

바꾸어 말하면, '주권자로서의 민중' 개념은 여러 포퓰리즘 전통에서 공유하는 화제로서, 민주정에서 정치권력의 궁극적 원천이 민중에게 있으며 이를 고려하지 않을 경우 민중을 동원하는 반란이 일어날 수 있다는 사실을 일깨우는 기능을 한다. 실제로 '주권자로서의 민중' 개념은 19세기 말 미국 민중당(포퓰리즘당이라고도 불렀다)뿐 아니라 20세기와 21세기 미국의 다른 포퓰리즘 형태들까지 추동한 힘이었다.

민중의 둘째 의미인 '보통사람들'은 사회경제적 지위와 특정한 문화적 전통 및 민중적 가치관을 결합시킨 더 넓은 계급 개념을 명시적 또는 암묵적으로 가리킨다. '보통사람들'이라는 표현은 평범한 시민들의 판단력과 취향, 가치관을 미심쩍게 여기는 지배적 문화를 비판할 때 자주 쓰인다. 엘리트주의적 견해와 반대로, '보통사람들' 개념은 사회문화적·사회경제적 지위 때문에 객관적 또는 주관적으로 권력에서 배제되고 있는 집단들의 존엄성과 지식을 옹호한다. 이런 이유로 포퓰리스트 지도자와 유권자는 지배적 문화에서 열등함의 표지로 간주되는 문화적 요소들을 받아들이곤 한다. 예를 들어 페론은 아르헨티나에서 지난날 전반적으로 주변화되었던 집단들, 그중에서도 이른바 데스카미사도스(descamisados: '셔츠를 입지 않은 사람들'이라는 뜻으로 페론을 지지한 노동자들을 가리킨다—옮긴이)와 카베시타스 네그라스(cabecitas negras: '머리가 검은 사람들'이라는 뜻으로 하층민이나 노동자를 가리킨 인종차별적 용어—옮긴이)의 역할을 찬미하는 새로운 정치 공동체 개념과 표현을 널리 퍼뜨렸다.

'보통사람들'의 이해관계와 이념을 주장하는 것은 대체로 포퓰리즘적이라 불리는 여러 경험에서 가장 흔하게 감지할 수 있는 호소 방법이다. 이런 의미의 민중이 통합과 분열을 동시에 가져온다는 데 주목할 필요가 있다. 다시 말해 이런 의미의 민중은 분노한 채 침묵하는 다수를 통합시키려 드는 동시에 이 다수를 적(예컨대 '기득권층')에 맞서 동원하려 한다. 이 반엘리트주의적 추동력은 포퓰리스트 지도자와 '보통사람들' 간의 '진실한' 유대를 왜곡한다고 여겨지는 제도(예컨대 정당, 대규모 기구, 관료제 등)에 대한 비판을 동반한다.

마지막 셋째 의미는 국민으로서의 민중이다. 이 경우 '민중'은 시민적 또는 종족적 관점에서 규정된 국민 공동체 — 예컨대 '브라질 국민'이나 '네덜란드 국민'이라고 말할 때처럼—를 지칭한다. 이런 의미의 민중은 특정한 나라의 '토착민'들이 모두 민중에 포함되고 그들이 함께 공동생활을 하는 공동체를 이룬다는 의미를 함축한다. 이 관점에서 보면 다양한 '민중' 공동체들은 대개 건국 신화에 의해 강화되는 제각기 독특한 국민을 나타낸다. 그럼에도 국민의 경계를 정의하는 것은 결코 단순한 일이 아니다. 현존하는 국가의 인구와 '민중'을 동일시하는 것은 복잡한 과제로 밝혀졌는데, 특히 상이한 종족 집단들이 같은 영토 안에 존재하기 때문이다.

엘리트

'민중'의 의미와 달리, 포퓰리즘에서 '엘리트'의 의미를 이론화한 저자는 별로 없다. **순수한** 민중과 **부패한** 엘리트를 구분하는 결정적인 측면은 분명 도덕성이다. 하지만 이 차이는 엘리트가 **누구**인지에 대해 많은 것을 알려주지 않는다. 대다수 포퓰리스트들은 정치 기득권층을 혐오할 뿐 아니라 경제 엘리트, 문화 엘리트, 미디어 엘리트 역시 비판한다. 이 모든 엘리트가 민중의 '일반의지'에 반대하는 하나의 동질적이고 부패한 집단으로 묘사된다. 민중과 엘리트의 차이가 본질적으로 도덕성에 있기는 하지만, 엘리트는 다시 여러 기준에 근거해 규정된다.

무엇보다 엘리트는 권력에 근거해 규정된다. 다시 말해 엘리트는 정치, 경제, 미디어, 예술 부문에서 지도적 위치를 점하는 사람들을 대부분 포함한다. 그렇지만 분명 포퓰리스트들뿐 아니라 이들 부문에서 포퓰리스트에 동조하는 사람들까지도 엘리트에서 제외된다. 예를 들어 오스트리아 자유당(Freiheitliche Partei Österreich)은 '엘리트'를 옹호하고 자유당을 공정하게 다루지 않는다는 이유로 '미디어'를 곧잘 비판하면서도 유독 〈크로넨 차이퉁〉만은 비판하지 않는다. 오스트리아인 다섯 명에 한 명꼴로 구독한 이 인기 있는 타블로이드 신문은 오랫동안 자유당과 그 지도자 외르크 하이더의 가장 충실한 지지세력 중 하나였으며, 그런 이유로 민중의 진실한 목소리로 여겨졌다.

많은 학자들은 포퓰리즘의 근본적인 반기득권 입장을 근거로 들어 포퓰리스트들이 정의상 정권을 유지할 수 없다고 주장해왔다. 어쨌거나 권력을 잡고 나면 포퓰리스트들 자신이 '엘리트(의 일부)'가 되리라는 것이다. 하지만 이는 민중과 엘리트를 가르는 본질적인 차이가 지위가 아닌 도덕성에 있다는 점과 포퓰리스트 지도자들의 지략을 간과한 주장이다. 슬로바키아 전 총리 블라디미르 메치아르부터 베네수엘라의 작고한 대통령 우고 차베스에 이르기까지, 집권 포퓰리스트들은 엘리트를 얼마간 재규정함으로써 반기득권 수사를 계속 구사할 수 있었다. 그들 주장의 핵심은 **실제** 권력이 민주적으로 선출된 지도자, 즉 포퓰리스트에게 있지 않으며, 오히려 그림자 같은 모종의 세력이 불법적 권력을 보유한 채 민중의 목소리를 억누른다는 것이다. 이런 주장은 미국의 저명한 진보적 역사가 리처드 호프스태터가 말한 포퓰리즘의 '피해망상적 정치 스타일'을 가장 뚜렷하게 보여주는 실례다.

위에서 말한 민중의 정의들은 엘리트를 경제(계급)와 국민성(진실성)을 기준으로 규정하는 견해와 무관하지 않다. 포퓰리스트들은 탈계급 세계를 옹호하는 입장에서 계급 구분이 '민중'을 약화시키고 '엘리트'의 권력을 유지하기 위한 인위적 창안물이라고 곧잘 주장하면서도, 때때로 엘리트를 경제적 관점에서 규정한다. 특히 포퓰리즘을 일종의 모호한 사회주의와 융합시키려는 좌파 포퓰리스트들이 엘리트를 경제적 관점에서 규정한다. 그렇지만 우파 포퓰리스트들 역시 민중과 엘리트의 궁극적 투쟁을 경제권력과 연관짓고, 정치 엘리트가 경제 엘리트와 한통속이 되어 자신들의 '특수이익'을 민중의 '일반이익'보다 우선시한다고 주장한다. 이런 비판이 꼭 반자본주의적인 것도 아니다. 예를 들어 미국의 티파티[Tea Party: 오바마 정부의 조세 정책에 반발해 2009년 출현한 보수적 정치운동으로, 증세와 큰 정부에 반대한다. 제3장 참조─옮긴이] 활동가들은 자유시장을 확고히 옹호하면서도, 대기업들이 의회

내 가까운 정치인들을 통해 보호법을 제정함으로써 자유시장을 변질시키고 경쟁을 제거하는 한편 자본주의의 진정한 엔진이자 '민중'의 일부인 소기업들의 숨통을 조인다고 생각한다.

엘리트와 경제권력을 연관짓는 것은 특히 집권중인 포퓰리스트에게 유용한 방법인데, 그로써 자신이 정치적 성공을 거두지 못하는 이유를 '설명'할 수 있기 때문이다. 다시 말해 정치권력은 잃었을지 몰라도 경제권력은 계속 쥐고 있는 엘리트층의 사보타주를 정치적 실패의 원인으로 꼽을 수 있기 때문이다. 이 주장은 공산주의 이후 동유럽에서, 특히 이행기인 1990년대에 자주 제기되었고, 오늘날에도 라틴아메리카의 좌파 포퓰리스트 대통령들 사이에서 여전히 인기를 누리고 있다. 예컨대 차베스 대통령은 베네수엘라를 '민주화'하려는 자신의 노력이 실패한 책임을 경제 엘리트들에게 곧잘 전가했고, 급진좌파연합(SYRIZA)의 당수로서 그리스 총리가 된 알렉시스 치프라스는 자신의 정부를 "그리스의 로비스트들과 과두제 지지자들"이 약화시킨다고 비난했다(우연찮게도 이 주장에는 근거가 없지 않았다).

포퓰리스트들은 엘리트층이 민중의 이해관계를 무시하는 데 그치지 않고 국가의 이해관계에 역행하기까지 한다고 자주 주장한다. 유럽연합 내에서 많은 포퓰리즘 정당들은 정치 엘리트들이 자국의 이해관계보다 유럽연합의 이해관계를 우선시한다고 비난한다. 이와 비슷하게, 라틴아메리카의 포퓰리스트들은 수십 년간 정치 엘리트들이 자국의 이해관계보다 미국의 이해관계를 옹호한다고 비난해왔다. 그리고 일부 포퓰리스트들은 포퓰리즘과 반유대주의를 결합시켜, 자국의 정치 엘리트들이 '시오니즘의 대리인'으로서 오래된 유대주의 음모의 일부라고 생각한다. 예를 들어 동유럽과 중유럽에서 불가리아의 아타카(ATAKA, '공격'이라는 뜻)와 헝가리의 '더 나은 헝가리를 위한 운동(Jobbik Magyarországért Mozgalom)' 같은 우파 포퓰리즘 정당의 주요 정치인들은 자국 엘리트층에게 이스라엘 혹은 유대인 이해관계의 대리인이라는 혐의를 씌웠다.

마지막으로, 민중과 엘리트가 도덕뿐 아니라 종족 면에서도 구분될 때, 포퓰리즘은 민족주의와 완전히 융합될 수 있다. 그런 경우 엘리트는 단순히 외세의 **대리인**이 아니라 외국인 자체로 간주된다. 묘하게도 유럽에서는 외국인 혐오 포퓰리스트들이 이런 수사를 그리 자주 구사하지는 않는데, (어떤 부문에서든) 거의 모든 엘리트가 '토착민'이기 때문이다. 동유럽의 반유대주의 수사를 논외로 하면, 종족적 포퓰리즘은 현대 라틴아메리카에서 가장 뚜렷하다. 일례로 볼리비아 대통령 에보 모랄레스는 볼리비아의 인종화된 권력 균형을 직접 겨냥해 순수한 '메스티소' 민중과 부패한 '유럽계' 엘리트를 구분했다.

포퓰리즘에서 민중과 엘리트를 가르는 핵심 기준이 도덕성이긴 하지만, 포퓰리스트들은 다양한 2차 기준들 역시 사용한다. 이런 2차 기준들은 포퓰리스트들이 정치권력을 획득할 때 특히 중요한 유연성을 제공한다. 엘리트를 민중과 동일한 기준에 근거해 규정해야 타당할 테지만, 언제나 그런 것은 아니다. 예컨대 유럽에서 외국인 혐오 포퓰리스트들은 대개 '외국인(즉 이민자와 소수집단)'을 배제하는 종족적 관점에서 민중을 규정하면서도, 엘리트가 또다른 종족 집단의 일부라고 주장하지는 않는다. 도리어 엘리트가 토착민 민중보다 이민자의 **이해관계**를 우선시한다고 주장한다.

많은 경우 포퓰리스트들은 엘리트와 민중에 대한 여러 해석을, 즉 계급, 종족, 도덕성을 결합시킬 것이다. 예를 들어 오늘날 세라 페일린과 티파티 같은 미국의 우파 포퓰리스트들은 엘리트층을 가리켜 라떼를 마시고 볼보 자동차를 운전하는 동부 해안 자유주의자들이라고 말한다. 암묵적으로 이런 엘리트와 상반되는 평범한 진짜 토착민 민중은 일반 커피를 마시고 미국산 자동차를 운전하고 중부 아메리카(심장부)에 거주한다. 오스트레일리아의 우파 포퓰리즘당인 일국당(One Nation)의 당수 폴린 핸슨이라면 영국 출신 정착민들의 유산을 자랑스러워하는 진정한 토착 민중과 "이 나라를 뒤집어 원

1. 세라 페일린은 2008년 미국 공화당의 부통령 후보로 지명된 후 두각을 나타냈다.
   페일린이 포퓰리즘적인 티파티 운동에서 영향력을 발휘하긴 했지만, 이 집단과 공
   화당의 관계가 줄곧 원만했던 것은 아니다

주민들에게 오스트레일리아를 되돌려주려는” 지적인 도시 엘리트를 대비시킬 것이다.

일반의지

포퓰리즘 이데올로기의 마지막 셋째 핵심 개념은 일반의지다. 포퓰리스트 행위자들과 유권자들은 이 개념을 사용해 유명한 철학자 장자크 루소(1712~1778)의 저술과 밀접한 관련이 있는 특정한 정치관을 시사한다. 루소는 일반의지(volonté générale)와 전체의지(volonté de tous)를 구분했다. 일반의지는 민중이 결속해 공동체를 이루고 법을 제정해 공통 이익을 강제하는 능력을 가리키는 반면, 전체의지는 단순히 특정 시기 특수 이익들의 총합을 뜻한다. 순수한 민중과 부패한 엘리트를 구분하는 포퓰리즘의 이원론적·도덕적 잣대는 일반의지가 존재한다는 관념을 강화한다.

이 관점에서 보면 정치인들의 과제는 명약관화하다. 영국 정치이론가 마거릿 캐노번의 말대로 정치인들은 “일반의지가 무엇인지 알아볼 만큼 계몽되어야 하고, 개별 시민들을 일반의지를 지향한다고 믿을 수 있는 하나의 결속력 있는 공동체로 묶어낼 만큼 카리스마를 갖추어야 한다”. 차베스는 2007년 대통령 취임연설에서 일반의지를 포퓰리즘적 관점에서 이해하는 뚜렷한 실례를 보여주었다.

정부, 기본법, 최고통치권의 토대인 주요 논점들과 관련해 국민 전체와 협의하는 것보다 더 민중 원칙과 일치하는 것은…… 없습니다. 개인은 누구나 실수를 하고 유혹에 빠지지만, 스스로 얼마나 선하고 독립적인지를 뚜렷하게 의식하는 민중은 그러지 않습니다. 이런 이유로 민중의 판단은 순수하고, 민중의 의지는 강인하며, 아무도 민중의 의지를 변질시킬 수 없고 위협조차 할 수 없습니다.

많은 포퓰리스트들이 일반의지 개념을 사용함으로써 대의정체에 대한 루소주의적 비판을 공유한다. 그들은 대의정체를 귀족적 권력 형태, 즉 시민들이 선거 때마다 동원되어 대표를 선택하는 것 말고는 아무것도 하지 않는 수동적 존재에 불과한 권력 형태로 본다. 오히려 그들은 루소의 공화제 자치정부라는 유토피아, 즉 시민들이 법을 만들고 또 집행할 수 있다는 이념에 호소한다. 포퓰리스트들이 시공간의 차이를 넘어 대체로 국민투표 같은 직접민주정 메커니즘의 실행을 지지한다는 것은 놀랄 일이 아니다. 예를 들자면, 페루의 전 대통령 알베르토 후지모리부터 에콰도르의 대통령 라파엘 코레아〔2017년까지 재임했다―옮긴이〕에 이르기까지, 현대 라틴아메리카의 포퓰리스트들은 국민투표에 뒤이은 제헌의회를 통해 헌법을 곧잘 개정하곤 한다.

따라서 직접민주정과 포퓰리즘 사이에, 아울러 포퓰리스트 지도자와 유권자들의 직접적인 관계를 구축하는 데 도움이 되는 다른 제도적 메커니즘들과 포퓰리즘 사이에 선택적 친화성이 있다고 주장할 수 있다. 바꾸어 말하면, 포퓰리즘이 가져오는 실질적 **결과** 중 하나는 일반의지를 구성할 수 있게 해주는 제도를 전략적으로 장려하는 현상이다. 실제로 포퓰리즘 옹호자들은 기득권층이 민중의 의지를 고려하지 못하고 그리고/또는 고려하는 데 관심이 없다고 비판한다. 그리고 이 비판에는 대개 근거가 없지 않다. 예컨대 유럽의 좌파와 우파 포퓰리즘 정당들은 유럽연합에서 추진하는 프로젝트의 성격이 엘리트주의적이라고 비난하고, 현대 라틴아메리카의 좌파 포퓰리스트들은 (종전) 엘리트층이 민중의 '진짜' 문제들을 무시한다고 비판한다.

포퓰리즘에서 말하는 일반의지 개념은 공적 영역에서 합리적 과정을 거쳐 구성되기보다는 '상식'에 기반한다. 이는 상이한 요구들을 한데 모으고 공동의 적을 알아보는 데 유용한 특정한 얼개에 일반의지 개념을 끼워맞춘다는 뜻이다. 포퓰리즘은 민중의 일반의지에 호소함으로써 강한 정체성을 가진 민중 주체('민중'), 현재 상황('엘리트')에 도전할 수 있는 주체의 형성을 가능케 하는 명확한 논리를 규정한다. 이 관점에서 보면 포퓰리즘을 사회를 민주화하는 힘으로 여길 수 있다. 왜

냐하면 정치 기득권층에 의해 대표되지 못한다고 느끼는 집단들에게 권력을 부여하는 것을 목표로 민중 주체 원칙을 옹호하기 때문이다.

그렇지만 포퓰리즘에는 어두운 면도 있다. 포퓰리즘이 어떤 목표를 표명하든, 포퓰리즘의 핵심인 이원론과 특히 '일반의지' 개념은 권위주의를 지지하는 경향으로 흐르기 십상이다. 실제로 포퓰리스트 행위자들과 유권자들은 독일 정치이론가 카를 슈미트(1888~1985)가 개진한 견해에 아주 가까운 정치관을 공유하곤 한다. 슈미트에 따르면, 동질적 민중의 존재는 민주적 질서를 수립하는 데 반드시 필요하다. 이런 의미에서 일반의지는 민중의 통일성에, 그리고 민중에 속하지 못하고 따라서 동등한 존재로 대우받지 못하는 사람들을 명확하게 분리하는 견해에 기반한다. 간단히 말해 포퓰리즘은 일반의지가 투명할 뿐 아니라 절대적이기도 하다는 입장을 함축하는 까닭에, 민중의 동질성을 위협한다고 여겨지는 모든 사람에 대한 비자유주의적 공격과 권위주의를 정당화할 수 있다.

일부 논자들은 포퓰리즘이 본질적으로 반정치적이라고 주장하기까지 한다. 포퓰리스트 행위자들과 유권자들이 '우리, 민중' 사이에는(또는 내부에는) 그 어떤 반대 의견도 없다고 하는 반정치적 유토피아를 만들어내기 때문이다. 폴 태가트의

'심장부'—포퓰리스트의 상상 속에서 진실하고 부패하지 않는 동질적 정체성을 표현하는 공동체 겸 영토—개념은 이런 반정치적 유토피아를 완벽하게 포착한다. 하지만 이는 전체 그림의 일부일 뿐이다. '정치적 올바름'에 반대하고 엘리트가 민중에게 강요하는 '금기'를 깨뜨린다고 주장하는 포퓰리스트들은 기득권층이 의도적으로든 비의도적으로든 (충분히) 다루지 않는 핵심 문제들, 이를테면 서유럽의 이민 문제나 라틴 아메리카의 이른바 워싱턴 컨센서스〔개발도상국에 미국식 시장경제를 도입하는 것을 골자로 하는 경제위기 타개책—옮긴이〕 정책 등이 다시 정치 쟁점으로 부각되도록 조장한다.

이념적 접근법의 장점

이념적 접근법을 채택하는 우리는 포퓰리즘을 중심이 얇은 이데올로기로, 여러 역사적 국면과 지역에서 서로 딴판인 형태들 또는 '하위유형들'로서 대두한 이데올로기로 규정했다. 포퓰리즘은 다(多)계급 운동이나 특수한 유형의 동원 혹은 정치 전략 등 다른 방식들로도 개념화되었지만, 이념적 접근법은 나머지 장들에서 더 상세히 살펴볼 대안적 접근법들과 비교해 몇 가지 장점을 가지고 있다.

첫째, 포퓰리즘을 중심이 얇은 이데올로기로 생각하면 현실 세계에서 포퓰리즘의 가변성이 그토록 큰 이유를 이해할 수 있다. 포퓰리즘은 이데올로기의 핵심과 개념들이 제한적인 까닭에 다른 개념들이나 같은 계통의 이데올로기들—보통 적어도 포퓰리즘 자체만큼이나 포퓰리스트들과 관련이 있는—에 들러붙는 것처럼 보일 수밖에 없다. 특히 정치 행위자들은 농본주의, 민족주의, 신자유주의, 사회주의 등 중심이 얇거나 두꺼운 다양한 이데올로기들과 포퓰리즘을 결합시켜왔다.

둘째, 포퓰리즘을 특정한 동원과 지도력의 유형으로 국한하는 정의들과 달리, 이념적 접근법은 대개 동원 및 지도력 현상과 연관지어 생각하는 폭넓은 정치 행위자들을 수용할 수 있다. 포퓰리스트들은 느슨하게 조직된 사회운동뿐 아니라 빡빡하게 조직된 정당까지 포함하는 여러 방식으로 민중을 동원해왔다. 이와 비슷하게, 특정한 지도력 유형이 우세하긴 하지만 포퓰리스트 지도자들은 여러 형태와 규모로 나타난다. 그렇지만 그들 모두 한 가지를 공유한다. 바로 공들여 만든 '민중의 목소리(vox populi)'라는 이미지다.

셋째, 이념적 접근법은 포퓰리즘에 대한 논쟁에서 핵심 문제인 '포퓰리즘과 민주주의의 관계는 어떠한가?'라는 물음에 더 포괄적이고도 다면적인 답을 내놓을 수 있는 유일한 접근법이다. 포퓰리즘과 민주주의의 관계는 다수의 반대자들이나 소수의 옹호자들이 주장하는 것만큼 간단하지 않다. 그 관계는 복잡한데, 민주화 과정이 어떤 단계에 있느냐에 따라 포퓰리즘이 (자유)민주주의의 친구와 적 둘 다 될 수 있기 때문이다.

넷째, 포퓰리즘을 이데올로기로 규정하면 포퓰리즘 정치의 수요 측면과 공급 측면을 모두 고려할 수 있다. 대부분의 설명이 포퓰리즘을 정치 엘리트가 구사하는 정치 스타일 또는 전략으로 규정하는 까닭에 포퓰리즘 공급에만 초점을 맞추는 반면, 우리의 접근법은 포퓰리즘 수요, 즉 대중 수준에서 포퓰리즘 이념을 지지하는 측면도 살펴볼 수 있게 해준다. 이 점에서 이념적 접근법은 포퓰리즘 단계들의 원인뿐 아니라 포퓰리즘에 대한 민주적 대응의 비용과 편익까지 더 포괄적으로 이해하는 데 도움이 된다.

제 2 장

세계 각지의
포풀리즘

포퓰리즘을 연구하는 학자들은 포퓰리즘이 근대적 현상이라는 생각을 공유한다. 통념에 따르면 포퓰리즘은 19세기 후반 러시아와 미국에서 출현했고, 이념이자 정체로서의 민주주의의 확산과 밀접한 관련이 있다. 오늘날 포퓰리즘은 유럽과 아메리카 대륙의 민주주의 국가들에서 가장 우세하긴 하지만 거의 모든 대륙과 정치체제에 영향을 주고 있다. 또 모든 포퓰리스트가 하나의 공통된 담론을 공유하긴 하지만, 포퓰리즘은 극히 다양한 요소들로 이루어진 정치 현상이다. 포퓰리스트 개개인은 좌파일 수도 우파일 수도 있고, 보수주의자일 수도 진보주의자일 수도 있으며, 종교인일 수도 세속인일 수도 있다.

일부 관찰자들은 이런 극단적인 다양성을 포퓰리즘 용어를 아예 거부해야 할 이유로 본다. 그토록 다양한 것은 무엇이든 실체가 없다는 주장이다. 그러나 포퓰리스트들의 다양성은 핵심 속성의 부재를 반영하는 결과가 아니라 포퓰리즘이 외따로 존재하는 경우가 거의 없다는 사실의 귀결이다. 포퓰리즘이 일군의 제한된 쟁점들만 제기하는 중심이 얇은 이데올로기인 까닭에, 거의 모든 포퓰리스트는 숙주 이데올로기라 불리는 이런저런 이데올로기와 포퓰리즘을 결합시킨다. 대강 말하면 대다수 좌파 포퓰리스트들은 사회주의의 어떤 형태와 포퓰리즘을 결합시키고, 우파 포퓰리스트들은 대체로 민족주의의 어떤 유형과 포퓰리즘을 결합시킨다.

포퓰리스트 개개인은 일군의 특정한 사회적 불만 때문에 등장한다. 사회적 불만은 포퓰리스트가 숙주 이데올로기를 선택하는 데 영향을 주고, 숙주 이데올로기는 다시 포퓰리스트가 '민중'과 '엘리트'를 규정하는 방식에 영향을 준다. 한 국가의 정치적 맥락이 흔히 지역이나 심지어 세계의 국면에 강하게 영향을 받는 까닭에, 특정한 기간이나 시기의 포퓰리스트들은 서로 흡사할 수 있다. 예를 들어 오늘날 유럽의 맥락에서는 전 유럽의 정치를 포괄하는 유럽연합이 포퓰리즘 정치를 포함해 대다수 국가들의 정치에 영향을 주고 있다―회의론의 성격과 강도는 서로 다를지 몰라도, 사실상 유럽연합 내

모든 포퓰리스트가 유럽연합에 회의적이다.

이 장에서 우리는 지난 150년 동안의 주요 포퓰리스트들을 개관한다. 우리는 특히 포퓰리즘과 가장 밀접히 연관되어 온 세 지역인 북아메리카, 라틴아메리카, 유럽에 초점을 맞춘다. 우리는 세 지역의 정치적 맥락, 특징, 숙주 이데올로기, 그리고 핵심 국면에서 민중과 엘리트에 대한 포퓰리스트들의 특정한 해석을 간략히 기술할 것이다. 그리고 마지막으로 이 전통적인 지역들 외부, 그중에서도 아시아, 중동, 사하라 이남 아프리카의 최근 포퓰리스트 몇 사람을 주목할 것이다.

북아메리카

북아메리카, 특히 미국은 19세기 후반까지 거슬러올라가는 포퓰리즘적 동원의 오랜 역사를 가지고 있다. 이 대륙에서도 대개 주 수준에서 포퓰리스트 지도자들—미국 루이지애나 주지사 휴이 롱이나 캐나다 앨버타 주지사 프레스턴 매닝 같은—이 출현하긴 했지만, 거의 모든 중요한 포퓰리즘 세력은 상대적으로 약한 중앙의 지도력과 조직력을 특징으로 했다. 19세기 후반의 농민 봉기부터 21세기 초의 월스트리트 점령 운동과 티파티 운동에 이르기까지, 북아메리카의 포퓰리즘은 대개 자발적으로 출현했고 지역 수준의 동원과 약한 조직을 특징으로 했다.

19세기 말에 북아메리카의 변경 주들은 중요한 경제적·사회적 이행을 경험했다. 철도망 확장 같은 기반시설 개발과 은화 주조 같은 경제적 변화는 시골 지역들에 특히 강한 영향을 주었다. 농본주의와 포퓰리즘의 혼합은 19세기 후반과 20세기 전반의 이른바 초원 포퓰리즘(prairie populism)에 자리를 내주었다. 캐나다 서부 주들과 미국 남서부 및 대평원 지역들에서 가장 강하긴 했지만, 이 기간에 포퓰리즘 정서는 북아메리카 전역에 널리 퍼져 있었다.

이 시기 초원 포퓰리스트들이 이해한 '민중'은 농민들, 더 구체적으로 말하면 자유롭고 독립적인 유럽계 자작농들이었다. 북아메리카에서 포퓰리즘에 언제나 영향을 준 생산자주의(producerism)의 연장선상에서, 농민들은 논밭을 갈고 사회의 모든 재화(특히 옷과 음식)를 생산하는 순수한 민중으로 묘사되었다. 북동부의 은행가와 정치인으로 이루어진 엘리트층은 아무것도 생산하지 않으면서도 거액 신용대출을 통해 농민들로부터 재화를 빼앗았다. 원형적 포퓰리스트들이 얼마간 반유대주의적·인종주의적인 면모를 보이긴 했지만, 민중과 엘리트의 차이가 주로 종족적 또는 종교적 성격의 차이였던 것은 아니다. 오히려 그것은 기본적으로 도덕성과 지리, 직업의 차이, 즉 시골에 사는 선량한 농민과 도시에 사는 부패한 은행가와 정치인을 갈라놓는 차이였다.

캐나다와 미국의 연방체제 내에서 포퓰리즘 정당과 정치인은 지역과 지방에서 상당한 영향력을 얻고 성공을 거둘 수는 있었지만, 전국 수준의 정치적 존재감은 없었다. 포퓰리스트당으로 널리 알려진 민중당은 1890년대에 몇 개 주의 입법기관에 대표들을 두고 있었다. 그렇지만 여러 지역에 호소하는 단일 지도자가 없었던 민중당은 1896년 대통령 선거에서 민주당의 공식 후보 윌리엄 제닝스 브라이언을 지지하기로 결정했다. 브라이언이 선거에서 패한 뒤 포퓰리즘은 동력을 대부분 잃어버렸지만, 20세기 전반에 더 폭넓은 혁신주의 운동 내에서 때때로 다시 출현하곤 했다. 캐나다에서 몇몇 지역의 사회신용당(Social Credit Party)들은 1930년대부터 1960년대까지 앨버타주와 퀘백주 등의 선거에서 상당한 성공을 거두어 정무직을 차지했지만, 연방 수준의 캐나다사회신용당(Socreds)은 지역 간 분열로 홍역을 치러 결코 지배적인 전국 세력으로 성장하지 못했다.

포퓰리즘은 냉전 초기에 맹렬한 반공산주의 운동으로 되돌아왔다. 당대의 불안감에, 그리고 좌파 이념에 대한 미국 보수주의의 오랜 두려움과 거부감에 영향을 받은 무정형의 우파 대중운동은 미국 포퓰리즘을 주로 진보적인 현상에서 주로 반동적인 현상으로 바꾸어놓았다. 반공산주의 포퓰리스트들이 보기에 '민중'은 심장부 출신의 평범하고 애국적인 ('진정한') 미국인이었던 반면, '엘리트'는 해안 지역, 특히 북동부에 거주하고 남모르게 혹은 공공연하게 '비미국적'인 사회주의 이념을 지지하는 부류였다. 포퓰리즘과 생산자주의 ─순수한 민중이 위쪽의 부패한 엘리트와 아래쪽의 인종화된 하층계급 사이에 끼어 있다고 보는─를 연결한 포퓰리스트들은 엘리트층이 민중의 고된 노동에 빌붙거나와 정권을 유지하기 위해 민중의 부를 비백인 하층계급에 '재분배'한다며 비난했다.

반공산주의 운동은 1970년대에 대중의 시야에서 대체로 사라졌다. 매카시즘 ─미국 위스콘신주 공화당 상원의원 조지프 매카시의 이름에서 유래한 표현─의 과도한 반공산주의 마녀사냥이 널리 알려졌고, 데탕트 정책이 부상했으며, 소련에 대한 미국의 우위가 공고해지면서 공산주의 세력의 정권 탈취에 대한 피해망상적 두려움이 줄었기 때문이다. 그렇지만 공화당의 일부 주류 정치인들은 평균적인 미국인들의 우파적 분노를 활용하기 위해 포퓰리즘의 폭넓은 대중적 호소력에 계속 주목했다. 포퓰리즘을 가장 능숙하게 활용한 정치인 중 한 명은 나중에 실각한 미국 제37대 대통령 리처드 닉슨이었다. 닉슨은 본심으로는 포퓰리스트가 아니면서도 (자유주의자) 엘리트층에 의해 비유적으로, 그리고 문자 그대로 침묵당하는 미국의 (진정한) 민중 다수를 가리키는 '침묵하는 다수'라는 표현을 대중화했다.

또한 우파 포퓰리즘은 20세기 후반에 가장 성공을 거둔 두 차례의 제3당 대통령 선거운동의 핵심에 있었다. 1968년 앨러배마주의 전 민주당 주지사 조지 C. 월리스는 미국독립당(American Independent Party)의 후보로 출마해 총 투표수의 13.5퍼센트인 거의 1000만 표를 얻었다. 월리스는 민중 아래쪽의 아프리카계 빈민과 인종 분리에 반대하는 위쪽의 백인 엘리트층을 모두 겨냥하는 생산자주의적 포퓰리즘의 입장에서 인종 분리 옹호라는 단일 쟁점으로 선거운동을 벌여 남부 다섯 개 주에서 선거인단을 차지했다. 그리고 1992년 텍사스의 억만장자 로스 페로는 총 투표수의 18.9퍼센트인 거의 2000만 표를 얻는 더 뛰어난 성과를 거두었다. 페로의 '우리 뭉치면 일어선다, 미국(United We Stand, America)' 선거운동은 재정 적자나 총기 규제 같은 우파의 다양한 관심사와 쟁점을 온건한 생산자주의 및 강경한 포퓰리즘과 결합시켰다. 서민적인 언어를 사용해 순수한 심장부와 부패한 동부 해안을 대비시킨 페로는 (진정한) 미국 민중에게 워싱턴에서 '헛간을 말끔히 치우겠습니다'라고 약속했다. 1996년 선거에서 페로는 신생 개혁당(Reform Party)의 당수로서 출마해 종전보다 훨씬 못한 성과를 거두었지만, 그래도 총 투표수의 8.4퍼센트인 800만 표를 얻었다.

우파 포퓰리스트들의 주된 '내부의 적'은 시간이 흐름에 따라 바뀌었지만(예컨대 1950년대의 공산주의자에서 1960년대의 시민권 운동, 1970년대의 '사법적극주의자 판사'로), 주된 사회경제적 불만, 그리고 더욱 중요한 사회문화적 불만은 놀라우리만치 일정했다. 그 불만이란 '자유주의자 엘리트'가 '우리의 생활방식'을 공격한다는 것, 즉 엘리트가 억압적인 (연방)국가와 지나치게 많은 비용이 드는 포괄적인 복지국가를 통해 민중의 진취성과 가치관을 질식시키는 한편 자격이 없는 소수집단에게 '특권'을 제공한다는 것이었다. 이 담론은 1960년대 월리스의 더 인종주의적인 미국독립당부터 1990년대 페로와 매닝의 더 신자유주의적인 개혁당까지, 북아메리카에서 우파의 모든 주요한 포퓰리즘적 선거운동에 영향을 주었다.

포퓰리즘이 19세기의 더 진보적인 성격에서 20세기의 더 보수적인 성격으로 변하긴 했지만, '민중'의 자기규정은 거의 변하지 않았다. 오늘날 직업(농민보다는 중간계급)과 종교(개신교보다는 기독교) 면에서 더 많은 사람들이 민중에 포함된다고 해석될 테지만, 민중은 여전히 대체로 심장부 출신 보통사람들이다. 이에 반해 '엘리트'에 대한 묘사는 다소 바뀌었다. 북동부 출신 대기업가와 정치인이 여전히 포퓰리즘 담론의 중심에 있긴 하지만, 이른바 문화 엘리트가 더 두드러지게 되었다. 이 문화 '자유주의자 엘리트'의 핵심 특징은 특히 장래의 관료, 판사, 정치인을 '비미국적' 이념으로 '그르치는' 아이비리그 대학에서 (고등)교육을 받는다는 것이다.

21세기 벽두에는 두 가지 새로운 포퓰리즘 운동이 출현했는데, 둘 다 경기 대침체(Great Recession: 2000년대 후반부터 시작된 전 세계적 경기 침체—옮긴이)와 관련된 사회적 불만을 동력 삼아 행동에 나섰다. 제각기 정치적 스펙트럼이 넓긴 하지만, 두 운동은 공통점이 많다. 둘 다 공화당 대통령 조지 W. 부시가 시작했고 민주당 대통령 버락 오바마가 이어간 정부의 은행 부문 구제금융에 강력히 반대한다. 오랫동안 이어져온 미국 방식대로, 두 운동은 부패한 '월스트리트'에 맞서 순수한 '메인스트리트'(보통사람들이라는 의미—옮긴이)를 보호하자고 주장한다. 그렇지만 두 운동은 서로 다른 숙주 이데올로기에 기생하며, 그 때문에 민중과 엘리트 모두와 관련해 월스트리트 점령 운동은 더 포용적인 반면에 티파티 운동은 더 배타적이다.

경제위기의 결과로 손해를 본 '99퍼센트', 즉 미국 '민중'을 대변한다고 주장하는 월스트리트 점령 운동은 부시/오바마의 구제금융과, 월스트리트(부패한 1퍼센트 엘리트)와 워싱턴 간 긴밀한 유대에 항의하는 좌파 운동으로서 등장했다. 월스트리트 점령 운동이 맨해튼 금융지구에 있는 주코티 공원을 물리적으로 점령해 대다수 미디어의 관심을 끌긴 했지만, 북아메리카 곳곳에서(아울러 다른 지역에서) 다른 비슷한 집단들도 저마다 특정 장소를 점령했다. 진보적인 사회정의 의제와 포퓰리즘을 합친 점령 운동은 '민중'을 포괄적으로 해석하고 생산자주의를 약하게만 주장했다. 점령 운동은 경제와 정치 엘리트를 하나의 동질적 집단으로 여겼고, 주류 미디어 엘리트도 그 일부라고 보았다. 99퍼센트 대 1퍼센트 같은 포퓰리즘적 수사는 민주당 상원의원이자 대통령 후보인 버니 샌더스의 수사법에서 살아남았지만, 점령 운동 자체는 중앙 지도력의 부재, 강제 해산, 2011년의 추운 겨울 등으로 인해 기세가 꺾였다.

티파티 운동은 구제금융에 맞서 주로 보수주의자와 자유지상주의자를 동원했다. 생산자주의적 메시지를 매우 강하게 표방하는 티파티 운동은 암묵적으로 민중을 인종주의적 관점에서 해석하곤 한다. 월스트리트에 대한 혐오를 점령 운동과 공유하긴 하지만, 티파티 운동의 '엘리트' 정의는 한층 선택적이다. 많은 티파티 집단과 지지자는 은행가, 민주당원, 할리우드 종사자를 엘리트라 부른다. 그렇지만 이 운동은 이른바 인조잔디파와 풀뿌리파의 근본적인 긴장관계 탓에 약해졌다. 인조잔디파는 프리덤웍스(Freedomworks)처럼 자금이 풍부하고 잘 조직된 로비 집단들을 포함하며 공화당 기득권층과 가까운 반면, 풀뿌리파는 전 미국의 지역과 지방에 흩어져 있는 소규모 애국자 집단과 티파티 집단 수천 개를 포함하며 공화당 기득권층을 '이름만 공화당원(Republican In Name Only, RINO)'으로 여긴다. 두 파 모두 '우리 민중'의 목소리를 표현한다고 주장하지만, 오바마 대통령과 민주당을 주요 표적으로 삼는 인조잔디파보다 풀뿌리파에서 포퓰리즘 정서가 훨씬 더 두드러진다. 또한 풀뿌리파는 대체로 사회문화적 불만('우리나라를 되찾자')을 표현하는 데 비해 인조잔디파는 대체로 사회경제적 불만—'오바마케어(Obamacare)'와 세금 인상 같은—에만 초점을 맞춘다.

라틴아메리카

라틴아메리카는 가장 지속적이고 우세한 포퓰리즘 전통이 있는 지역이다. 심각한 사회경제적 불평등과 비교적 오랜 민주적 통치 기간이 결합된 현실은, 라틴아메리카 여러 나라에서 포퓰리즘 이데올로기가 큰 성공을 거둔 이유를 대체로 설명해준다. 다른 한편, 경제권력과 정치권력이 소수에게 집중된 라틴아메리카에서는 포퓰리즘 담론이 특히 호소력을 발휘하는데, 민중(el pueblo)의 바람에 역행하는 기만적인 과두정(oligarquia)을 알아채는 데 도움이 되기 때문이다. 그런가 하면 주기적으로 실현되는 비교적 자유롭고 공정한 선거는 유권자들에게 현상황에 대한 불만을 표출할 통로를 제공한다. 따라서 라틴아메리카의 많은 시민들이 과두정에 의해 통치받지 않고 민중 스스로 통치하는 정부를 세우겠다고 약속하는 포퓰리즘 정당과 지도자를 지지하는 것은 놀랄 일이 아니다.

라틴아메리카 곳곳에서 포퓰리즘이 거둔 선거 승리가 민주적 정치 및 극심한 불평등과 관련이 있기는 하지만, 이 지역에서 포퓰리즘의 여러 버전이 부침을 겪은 것도 유념해야 할 중요한 사실이다. 라틴아메리카 역사를 통틀어 세 차례의 포퓰리즘 물결을 확인할 수 있다. 이 세 번의 물결은 제각기 '순수한 민중'과 '부패한 엘리트'가 누구라는 견해를 개진했을 뿐 아니라, 감지된 사회적 불만을 중심으로 서사의 구성을 촉진하기 위해 특정한 이데올로기적 특징을 채택하기도 했다.

라틴아메리카 포퓰리즘의 첫번째 물결은 1929년 대공황 발생과 함께 시작되어 1960년대 말에 이른바 관료적 권위주의 체제들이 부상할 때까지 지속되었다. 이 기간에 라틴아메리카 국가들은 통합 위기를 겪었다. 시골 주민들이 도시 지역으로 점점 더 이주하고 경제개혁 시행으로 산업화가 이루어지면서 정치적·사회적 권리를 요구하는 목소리가 높아졌다. 라틴아메리카 곳곳에서 각양각색의 지도자와 정당이 사회 쟁점과 관련된 정치 프로그램을 내놓았다. 라틴아메리카 대다수 국가들에서 사회주의와 공산주의가 세력을 얻었지만, 그중 일부에서는 결국 포퓰리즘이 훨씬 더 성공을 거두었다. 예 컨대 아르헨티나, 브라질, 에콰도르에서 각각 후안 도밍고 페 론, 제툴리우 바르가스, 호세 마리아 벨라스코 이바라가 '노동 계급'보다 '민중'에 초점을 맞춘 정치적 언어를 개발해 대통령 이 되었다. 이와 동시에 그들은 라틴아메리카의 모든 주민이 공통 정체성을 가지고 있다고 주장하고 제국 열강의 간섭을 규탄하는 아메리카니스모(Americanismo) 이데올로기에 의존 했다.

포퓰리즘의 첫번째 물결을 이룬 여러 포퓰리즘 운동의 한 가지 중요한 공통점은 '순수한 민중'과 '부패한 엘리트'라는 얼개를 씌운 방식에 있다. 이 모든 포퓰리즘 실험은 뚜렷한 합 의주의(corporatism) 성향을 보였으며, 이에 따라 순수한 민중 을 농민과 노동자로 이루어진 하나의 유덕한 메스티소[유럽인 과 라틴아메리카 토착민 사이 혼혈인—옮긴이] 공동체로 규정하 고, 토착민 혈통과 아프리카 혈통 시민들을 도외시했다. 이런 순수한 민중 이미지 덕분에 포퓰리스트 지도자들은 배제된 집단들이 자신에게 충성을 바치는 한 그들을 더욱 수월하게 동원하고 통합시킬 수 있었다. 부패한 엘리트와 관련해, 첫번 째 물결 포퓰리스트들은 모두 자국의 과두정 세력이 수입 대 체 산업화 모델에 반대하는 제국주의 세력과 결탁하고 있다 고 말했다. 사실 이 말의 의미는 기득권층 전체가 아니라 포퓰리스트 지도자가 추진하는 통치 모델에 반대하는 엘리트 계파가 부패한 엘리트라는 것이었다.

포퓰리즘의 두번째 물결은 첫번째 물결보다 훨씬 짧게 지속되었고 결실도 훨씬 적게 맺었다. 두번째 물결은 1990년대에 출현했으며, 가장 전형적인 예는 아르헨티나(카를로스 메넴), 브라질(페르난두 콜로르 지 멜루), 페루(알베르토 후지모리)에서 찾아볼 수 있었다. 이들 나라가 1980년대 말에 심각한 경제위기로 고통받고 있었으므로 포퓰리스트 지도자들은 극적인 상황의 책임을 엘리트에게 돌리고 민중이 정당한 주권을 빼앗겼다고 단언해 선거에서 승리할 수 있었다. 이 지도자들은 대부분 경제 상황을 타개하기 위한 분명한 계획을 밝히지 않았고, 집권한 뒤로는 국제통화기금(IMF)과 공조해 가혹한 신자유주의적 개혁을 단행하는 선택을 했다. 이 조치는 비록 인기는 없었으나 경제를 안정시키고 초인플레이션을 진정시키는 데 도움이 되었다. 이 사실은 메넴과 후지모리 같은 포퓰리스트 지도자들이 재선에 성공한 이유를 어느 정도 설명해준다.

두번째 물결은 일군의 신자유주의 이념을 받아들여 누가 '순수한 민중'에 속하고 누가 '부패한 엘리트'에 속한다는 특정한 견해를 분명하게 표현했다. 첫번째 물결 시절과 달리, 투쟁의 상대는 '정치계급'과 국가로 설정되었다. 부패한 엘리트

2. 에바 페론과 남편 후안 도밍고 페론 장군은 1940~50년대에 아르헨티나에서 매
   력적인 권력자 부부였다. 남편 페론은 1940년대부터 1970년대까지 아르헨티나
   대통령을 세 차례 역임했다. 이 부부는 포퓰리즘 이념으로 아르헨티나 사회에서
   배제된 사람들을 대변했고, 오늘날에도 아르헨티나인 다수에게 존경받고 있다.

는 강한 국가의 존재를 지지하고 자유시장의 발전에 반대하는 정치 행위자로 묘사되었다. 아메리카니스모 이데올로기와 반제국주의에 대한 강조는 이렇다 할 영향을 끼치지 못했다. 신자유주의적 접근법에 따라 민중은 수동적인 개인 무리, 여론조사를 통해 어떤 생각을 하는지 추론할 수 있는 무리로 묘사되었다. 실제로 두번째 물결의 특징은 비공식 부문과 극빈자를 대상으로 하는 빈곤 퇴치 프로그램의 실행이었다.

라틴아메리카 포퓰리즘의 세번째이자 현재의 물결은 1998년 베네수엘라에서 우고 차베스가 대통령에 당선되면서 시작되어 이후 볼리비아(에보 모랄레스), 에콰도르(라파엘 코레아), 니카라과(다니엘 오르테카) 같은 나라들로 확산되었다. 이 지도자들은 아메리카니스모 이데올로기와 반제국주의 수사를 활용했다는 점에서 첫번째 물결의 사례들과 어느 정도 유사성이 있다. 그렇지만 세번째 물결을 타고 활동한 포퓰리스트들은 사회주의 이념을 활용하는 성향을 보였다. 에보 모랄레스가 설립한 정당의 이름은 사회주의운동당(Movimiento al Socialismo, MAS), 우고 차베스가 설립한 정당의 이름은 베네수엘라 통합사회주의당(Partido Socialista Unido de Venezuela, PSUV)일 정도였다. 이는 좌파-우파 구분을 넘어서려 했던 첫번째 물결의 입장과 분명히 다른 점이었다. 세번째 물결의 모든 포퓰리스트 지도자는 급진 좌파를 표방했고, 자신이 자유시장과 싸우고 있으며 빈민에게 진짜 진보를 가져다줄 새로운 발전 모델을 구축하는 것을 목표로 한다고 주장했다.

이런 좌파 포퓰리즘 담론의 호소력은 20세기 마지막 20년간 라틴아메리카에서 시행한 신자유주의적 개혁에서 기인하는 사회적 불만과 관련이 있다. 신자유주의적 개혁은 거시경제적 안정을 가져오긴 했지만, 라틴아메리카의 거의 모든 나라에서 심각했던 사회경제적 불평등을 완화시키는 데에는 아무런 도움도 되지 않았다. 세번째 물결의 포퓰리스트들은 불평등을 정치 쟁점화하고 집권 엘리트층을 비난함으로써 이목을 끌 수 있었다. 또한 이들은 사회주의 이념과 포퓰리즘 이념을 결합시켜 포용적인 순수한 민중 개념을 개진했다. 배제당하고 차별당하는 사람은 누구나 순수한 민중이라는 것이었다. 이 점을 특히 뚜렷하게 보여준 모랄레스는 볼리비아의 다종족적 성격을 인정하면서도 차별당하는 토착민 집단에 우호적인 정책의 시행 필요성을 강조하는 '종족포퓰리즘' 담론을 개진했다.

부패한 엘리트와 관련해, 세번째 물결 포퓰리스트들은 모두 기만적인 기득권층이 자신들에게 유리한 게임의 규칙을 활용해 자국을 통치해왔다고 주장한다. 이들의 말대로라면, 그 결과로 국민투표를 통해 새 헌법 제정 임무를 승인받는 '제헌의회'를 구성하여 주권을 '민중에게 돌려줄' 때가 왔다. 세

명의 지도자 차베스, 코레아, 모랄레스는 모두 집권하자마자 이런 식의 헌법 개정을 단행했다. 근래의 사태는 세 헌법들이 옛 엘리트층의 권력을 약화시켰을 뿐 아니라, 포퓰리즘 정부와 자유롭고 공정한 방식으로 경쟁할 야당의 역량까지 심각하게 제한했다는 것을 보여준다.

유럽

20세기 유럽에서 포퓰리즘의 존재감은 비교적 미미했다. 다만 두 가지 원형적 농촌포퓰리즘 운동 중 하나가 19세기 말 러시아에서 출현하긴 했다. 러시아 포퓰리즘(나로드니키주의 Narodnichestvo)은 봉건적인 제정 러시아에서 농민층이 겪는 곤경에 응답해 등장했다. 이 운동은 지주 제도와 농업의 상업화로부터 농민층을 보호해줄 민주적 개혁을 요구했다. 그러나 미국 포퓰리스트들이 정치적 대중운동을 일으킬 수 있었던 데 비해 러시아 나로드니키(민중주의자들―옮긴이)는 주로 도시 인텔리겐치아로 이루어진 소규모 문화운동을 결코 넘어서지 못했다. 1874년부터 1877년까지 '민중 속으로' 운동은 '엘리트'에 맞서 '민중'을 동원하기 위해 시골 곳곳으로 들어갔지만, 농민층은 대체로 이들을 거부했다. 나로드니키 운동의 두 주요 조직인 민중의 의지파(Narodnaya volya)와 흑토(黑土) 재분할파(Chyornyi peredel)는 전자의 한 젊은 조직원이 1881년 차르 알렉산드르 2세를 암살한 이후 세력을 잃었다.

나로드니키는 비록 러시아에서는 실패했지만 20세기 전반 동유럽에서 여러 농촌운동을 고무했다. 이 운동들은 북아메리카의 포퓰리즘과 흡사한, 농민을 사회의 토대인 도덕과 농경생활의 주요 원천으로 여기는 농촌포퓰리즘을 공유했다. 이들은 도시 엘리트층과 자본주의의 중앙집중화 경향 및 물질주의적 기반에 맹렬히 반대했고, 대신에 작은 가족농장의 유지와 자치를 주장했다. 농촌포퓰리스트들은 동유럽의 시골 지역들에서 인기가 있었지만, 지주와 군인으로 이루어진 엘리트층이 운영하는 권위주의 국가들에서는 대체로 정치권력에서 배제되었다.

공산주의와 파시즘은 특히 운동 단계에서 대중의 지지를 불러일으키려는 시도의 일환으로 포퓰리즘에 추파를 던졌다. 그렇지만 공산주의와 파시즘 모두 본질적으로 포퓰리즘보다 엘리트주의에 더 가까운 이데올로기이자 정체(政體)로 보아야 한다. 이 점을 가장 뚜렷하게 보여주는 파시즘의 여러 형태는 민중보다 지도자(총통)와 인종(민족사회주의) 또는 국가(파시즘)를 찬양한다. 공산주의는 민중에 더 초점을 맞추긴 하지만, 특히 마르크스-레닌주의는 공산당이 민중(노동계급)의 전위, 즉 민중의 뒤를 따르기보다 앞에서 이끄는 전위라고 천명하는 등 중심부의 강한 엘리트주의를 내포하고 있다. 더욱이 '계급투쟁'이라는 공산주의의 근본이념과 특히 '허위의식'은 포퓰리즘과 상반된다.

제2차세계대전 이후 처음 수십 년간 유럽 정치에 포퓰리즘이 거의 없었다는 데 학자들은 동의한다. 동유럽은 강한 지도자(스탈린)를 비록 비효율적일지언정 강한 관료제로 바꾼 공산주의 정권들의 통제 아래 있었으며, 파시즘과 공산주의에 화들짝 놀란 서유럽은 이데올로기를 절제하며 민주정을 재건하고 있었다. 몇몇 고립된 포퓰리즘 운동들이 출현해 주로 농업 부문의 집중화 및 정치화에 맞서 보수적인 시골 지역의 반발을 표현하긴 했다. 성공을 거둔 소수의 포퓰리즘 정당 중에 프랑스에서 피에르 푸자드가 이끈 중소상공인옹호연합(Union de défense des commerçants et artisans, UDCA)이 있었다. 전국 선거에서 1956년 단 한 번 성공적으로 경쟁했을 뿐이지만, 이른바 푸자드주의자들은 프랑스 정치에 두고두고 영향을 끼쳤다. 실제로 푸자드주의라는 용어는 프랑스를 훌쩍 넘어서는 지역에서 포퓰리즘과 동의어가 되었다.

1990년대 말에 이르러서야 포퓰리즘은 유럽에서 유의미한 정치 세력이 되었다. 유럽 통합이나 이민처럼 그동안 혹은 새롭게 유럽의 정치와 사회를 뒤흔든 변화로 인한 혼란에 반응해, 급진적인 우파 포퓰리즘 정당들이 대륙 도처에서 등장했다(다만 선거와 정치에서 성공한 정도는 제각기 달랐다). 이 정당들은 포퓰리즘과 두 가지 이데올로기, 즉 권위주의와 토착주의를 결합시킨다. 권위주의가 엄격하게 질서 잡힌 사회에 대한 신념을 가리키고 '법과 질서' 쟁점을 강조하는 태도로 나타나는 데 비해, 토착주의는 한 국가에 토착 집단의 성원들('민족')만 거주해야 하고 비토착민('외국인')이 동질적인 민족국가를 근본적으로 위협한다는 견해를 암시한다. 현대 유럽 포퓰리즘의 외국인 혐오 성격은 이처럼 종족적·쇼비니즘적 민중 정의에 의존하는 아주 특수한 민족관에서 유래한다. 이는 오늘날 유럽에서 포퓰리즘, 권위주의, 토착주의가 일종의 정략 결혼 관계임을 의미한다.

급진적 우파 포퓰리즘 정당의 원형은 중소상공인연합 소속 전직 하원의원 장마리 르 펜이 1972년 프랑스에서 창당한 국민전선(Front national, FN)일 것이다. 르 펜은 조직되지 않고 엘리트주의적인 프랑스 극우를 잘 조직된 급진 우파 포퓰리즘 정당으로 바꾸어 유럽 전역의 다른 정당들과 정치인들을 고무했다. 르 펜은 "여러분이 생각하는 것을 말합니다"라고 주장했고, 국민전선을 이끌며 당시 4개 기성 정당을 가리키는 '4대 갱단'과 대립각을 세웠다. 극우 포퓰리즘당들은 복지 쇼비니즘이라는 경제 의제와 유럽연합 회의주의라는 외교정책 의제에서도 토착주의와 포퓰리즘을 결합시킨다. 그들은 엘리트층이 이민자들을 새로운 유권자로 받아들여 복지국가를 파괴하고 있다고 주장하고, '자국민'을 우선시하는 복지국가를 요구한다. 또 외교정책과 관련해 자국 엘리트층이 국가와 국민을 유럽연합에, 세계주의적 엘리트만을 위해 일하는 "관료제적이고 사회주의적이며 비민주적인 몰록〔성서에서 인신제물을 요구하는 이교 신으로, 큰 희생을 요구하는 무언가라는 의미 — 옮긴이)"에 "팔아넘긴다"고 공격한다.

또 민족주의적 하위문화에서 등장하는 경향이 있는 토착주의적·포퓰리즘적 급진 우파에 더해, 정계 주류에서 전진이탈리아(Forza Italia, FI)와 영국독립당(United Kingdom Independence Party, UKIP) 같은 몇몇 신자유주의적 포퓰리즘 정당들도 출현했다. 이 정당들은 높은 세금, 복지국가의 비용 증대, 주류 우파 정당들의 공모에 불만을 품고서 세금 인하와 자유무역 같은 신자유주의 정책을 옹호하는가 하면 포퓰리즘적 입장에서 정치체제와 엘리트층을 매섭게 비판한다. 북아메리카의 포퓰리즘 정당들과 마찬가지로, 이 정당들은 비록 좀더 온건하게 해석하긴 하지만 생산자주의를 지지한다. 그리하여 엘리트층(즉 주류 정당들과 노동조합들)이 불필요한 법률과 높은 세금으로 열심히 일하는 보통사람들을 좌절시키는 한편, 공공 부문 노동자와 이민자로 이루어진 자격 없고 비생산적인 유권자들에게 보상을 준다고 주장한다.

공산주의의 몰락을 계기로 중유럽과 동유럽 도처에서는 포퓰리즘 정서가 터져나왔다. 동독과 폴란드처럼 공산주의를 전복하는 과정에서 시민사회가 중요한 역할을 한 소수의 국가들에서는 '혁명' 국면에서 '우리는 민중이다' 같은 포퓰리즘적 표어가 두드러졌다. 특히 정초선거〔정치 지형의 변화를 가져오는 중요한 선거—옮긴이〕, 즉 공산주의 이후 동유럽에서 처음 치른 자유롭고 공정한 선거에서 포퓰리즘 정서가 강하게 표출되었으며, 정치적 스펙트럼이 넓은 이른바 우산정당 (umbrella party)들은 공산당의 '엘리트'에 맞서 '민중'을 대변했다. 일례로 체코의 우산정당 시민포럼(Občanské fórum, OF)의 공식 표어는 "당은 당원을 위한 것, 시민포럼은 모두를 위한 것"이었다. 우산정당들은 정초선거 직후 대부분 해체되었고, 그로써 좌파, 우파, 중도파의 더 작은 포퓰리즘 정당들이 활동할 공간이 마련되었다. 그중 다수는 특정 개인과 연관된 소위 반짝정당이었다. 공산주의 이후 초기 포퓰리즘 반짝정당의 적절한 예로는, 폴란드 출신의 미심쩍은 캐나다인 사업가 스타니슬라브 티민스키가 설립한 정당 X(Party X)가 있다. 티민스키는 1990년 폴란드 대통령 선거 1차 투표에서 2위를 차지해 모두를 놀라게 했고, 2차 투표에서 반공산주의 연대자유노조(Solidarność)의 전설적인 지도자 레흐 바웬사에게 패했다.

공산주의 이후 사회들이 이중 이행(경제적 이행과 정치적 이

3. 영국 펍에서 맥주잔을 들고 미디어를 위해 포즈를 취하는 나이절 패러지. 그는 영국의 유럽연합 탈퇴(브렉시트) 찬반 국민투표에서 탈퇴를 지지하는 주요 지도자로서 스스로를 '민중'의 생각과 관심사에 보조를 맞추는 영국의 '보통사람'으로 내세우려 한다.

행)이라는 변화―몇몇 경우에는 신생 국가를 형성하는 국가적 이행까지 더해졌다―와 씨름하는 동안, 새로운 포퓰리스트들은 '빼앗긴 혁명' 담론과 함께 커져가는 정치적 불만을 활용하려 했다. 그들은 신생 민주정의 엘리트층이 옛 공산주의 엘리트층의 일부이거나 이들과 한통속이라고 비난했다. 그리고 부패한 탈공산주의 엘리트층을 몰아내고 마침내 민중에게 권력을 안겨줄 새로운 '진짜' 혁명을 요구했다. 이 담론이 협정을 통한 이행을 겪은 나라들에서, 즉 공산주의 정권의 대표단과 민주적인 야당의 대표단이 체결한 협정의 결과로 민주정으로 이행한 나라들에서 특히 인기를 모았던 것은 놀랄 일이 아니다. 예를 들어 헝가리 정당 청년민주동맹(Fiatal Demokraták Szövetsége, Fidesz)과 폴란드 정당 '법과 정의(Prawo i Sprawiedliwość, PiS)' 둘 다 오래전부터 진짜 혁명이 일어나야 한다고 주장해오고 있다. 실제로 청년민주동맹은 2010년 선거에서 압도적 승리를 거둔 뒤 "우리는 1989년에 하려던 일을 할 수 없었다"라고 주장하며 헌법을 개정했다.

유럽 내에서 포퓰리즘이 주로 우파의 수중에 있었던 까닭에 경기 대침체를 계기로 좌파 포퓰리즘이 새로이 추진력을 얻었다. 그리스에서는 경제가 파탄나자 다수의 급진 좌파 집단들이 힘을 합쳐야 한다고 생각해 새로운 좌파 포퓰리즘당인 급진좌파연합을 결성했고, 에스파냐에서는 인디그나도스

(Indignados, '분노한 사람들'이라는 뜻)의 시위가 신생 정당 포데모스(Podemos, '우리는 할 수 있다'라는 뜻)의 탄생으로 이어졌다. 이런 좌파 포퓰리즘 운동들은 북아메리카에서 전개된 점령 운동과 상당히 유사하다. 다만 저마다 특정한 주적과 용어를 가지고 있다. 예컨대 그리스 급진좌파연합은 유럽연합을 엘리트층의 중요한 일부로 여기는 반면에 포데모스는 '라 카스타(la casta)'―에스파냐의 정치 엘리트를 가리키는 경멸적 용어―를 주적으로 삼는다. 유럽 좌파 포퓰리즘 세력 역시 대체로 유럽연합에 회의적이지만, 민족(주의)적 이유보다는 사회(주의)적 이유 때문이다. 예컨대 이 세력은 이른바 '트로이카'(유럽연합 집행위원회, 유럽중앙은행, 국제통화기금)가 강요하는 긴축 조치에 거세게 반대한다.

세 주요 지역 너머

포퓰리즘은 세계의 다른 개발도상 민주주의 국가들, 그중에서도 동남아시아, 중동, 사하라 이남 아프리카의 국가들에서도 대두하고 있다. 대부분 선거민주주의를 채택한 이들 국가에서는 통치 세력과 야당 세력 둘 다에서 포퓰리즘을 찾아볼 수 있다. 포퓰리스트들이 나름의 특징들을 공유하기는 하지만, 이들 지역의 더 폭넓은 경제적·사회적·정치적 다양성 때문에 뚜렷한 추세들을 분간하기는 어렵다.

포퓰리즘 전통이 가장 분명한 지역은 오스트랄라시아, 더 구체적으로 말하면 오스트레일리아와 뉴질랜드다. 1990년대에 두 나라에서는 같은 시기 서유럽의 포퓰리즘 정당들과 흡사한 우파 포퓰리즘 정당들이 출현했다. 뉴질랜드퍼스트(New Zealand First, NZF)와 오스트레일리아의 일국당은 이민자 증가와 신자유주의적 복지국가 개혁에 대한 불만이 커지는 가운데 등장했다. 두 당 모두 '토착민' 인구를 대변한다고 주장하지만, 일국당은 오스트레일리아 백인 정착민 후손의 이해관계를 옹호하고 원주민에 비판적인 데 비해, 뉴질랜드퍼스트는 무엇보다 뉴질랜드 원주민인 마오리족의 목소리를 표방한다.

동남아시아에서 포퓰리즘은 이른바 아시아 호랑이들의 놀라운 발흥을 갑작스레 중단시킨 1997년 아시아 경제위기에 뒤이어 나타났다. 특히 개발도상 민주주의 국가들에서 포퓰리스트들은 이제 신뢰를 잃은 기존 지도자와 정책에 대한 광범한 불만을 표현했다. 그들은 민족주의와 포퓰리즘을 섞어 신자유주의적 '지구화' 정책과 이 정책을 실행한 자국 엘리트층을 공격했다. 필리핀의 조지프 에스트라다와 남한의 노무현 같은 포퓰리스트 '아웃사이더들'은 대통령으로 선출되기까지 했다. 다만 두 사람의 임기는 상대적으로 짧고 불안정했다. '반짝 포퓰리스트'의 가장 극단적인 예는 타이완 '인민의 총통' 천수이볜일 텐데, 그의 정부는 겨우 다섯 달 만에 무너졌다(민주진보당 소속 천수이볜이 행정원장(국무총리에 해당)으로 임명한 국민당 소속 탕페이가 취임 5개월 만에 사임한 일을 가리킨다. 정권이 교체되었던 것은 아니다. 그리고 천수이볜은 2000년부터 2008년까지 총통으로 재임했으므로 저자들의 견해와 달리 '반짝 포퓰리스트'와는 거리가 멀어 보인다—옮긴이). 동남아시아에서 가장 두각을 나타낸 포퓰리스트는 틀림없이 탁신 친나왓인데, 대규모 대중 시위와 군부 쿠데타 이후 2006년 태국 총리직에서 쫓겨났지만 여동생 잉락 친나왓이 2011년 총리가 되어 오빠의 프로젝트를 이어갔다(잉락 역시 2014년에 실각했다—옮긴이).

아프리카에서는 많은 나라들이 여전히 권위주의 국가이거나 기껏해야 결함 많은 선거민주주의 국가인 까닭에 포퓰리즘이 드물다. 다른 대다수 지역들의 경우와 달리, 아프리카의 포퓰리즘은 대부분 우간다 대통령 요웨리 무세베니와 잠비아 전 대통령 마이클 사타처럼 포퓰리즘을 엘리트층 내 권력투쟁의 수단으로 사용한 권위주의적 독재자와 관련이 있다. 무세베니는 국민투표제에 기반하는 '무정당(無黨) 체제'를 도입했고, 독립된 법원 같은 자유민주주의적 제도에 거세게 반대했다. 대법원에서 그런 국민투표 중 하나를 무효라고 선언했을 때, 무세베니는 완벽한 포퓰리즘적 방식으로 대응했다. "정부는 법원을 포함해 그 어떤 당국이라도 국민의 권력을 찬탈하는 것을 용납하지 않을 것이다." 아프리카에서 보기 드문 소수의 자유민주주의 국가들 중 하나인 남아프리카공화국에서도 포퓰리즘은 대체로 기득권층 내에서 출현했다. 줄리어스 말레마는 본래 집권당인 아프리카민족회의(African National Congress, ANC) 내에서 2008년부터 2012년까지 청년연맹(Youth League)의 위원장을 맡으면서 반대 의견을 낸 포퓰리스트였다. 그렇지만 격한 수사와 문제적 행동, 논쟁적인 정책 제안 때문에 2012년 아프리카민족회의에서 제명된 후에는 경제자유투사(Economic Freedom Fighters)라 불리는 새 정당을 만들었다.

마지막으로, 중동에서 포퓰리즘은 몇몇 예전 정권들, 그중에서도 이집트의 가말 압델 나세르 정권(1956~1970)이나 리비아의 무아마르 알카다피 정권(1969~2011)과 연관되긴 했지만, 21세기 들어서야 정치에서 더 필수적인 부분이 되었다. 이스라엘과 터키처럼 더 굳건히 자리잡은 민주주의 국가들에서 포퓰리즘은 여당과 야당을 막론하고 정치인들의 특징이다. 여기에는 이스라엘의 베냐민 네타냐후와 터키의 레제프 타이이프 에르도안처럼 장기 집권했거나 집권중인 지도자들이 포함된다. 그리고 오늘날 '아랍의 봄'으로 널리 알려진 다양한 '혁명들'이 그 자체로 포퓰리즘적 혁명이었던 것은 아니지만, 포퓰리즘적 수사는 혁명 참가자 다수를 동원하는 데 아주 중요했다. 튀니지에서 이집트를 거쳐 예멘에 이르기까지 각종 시위에서 아랍의 봄과 가장 밀접히 연관된 구호는 "민중은 정권 타도를 원한다!"였다.

시공간을 가로지르는 포퓰리즘

대략 150년 동안 포퓰리즘은 제정 러시아의 소규모 엘리트주의 집단과 미국의 폭넓지만 조직되지 않은 집단에서 점차 전 세계를 망라하는 다채로운 정치 현상으로 확산되었다. 포퓰리즘의 전 세계적 부상은 민주주의의 부상과 밀접한 관련이 있다. 포퓰리즘과 민주주의 모두 19세기 말만 해도 비교적 드문 현상이었지만 지금은 만연한 현상이다. 그렇다고 해서 양자가 꼭 연관된다는 말은 아니다. 포퓰리즘은 권위주의 체제 안에 존재할 수 있으며, 유의미한 포퓰리스트가 없는 민주주의 국가도 많다. 그러나 세계에서 민주적 이상의 헤게모니가 강해지는 추세, 아울러 선거민주주의의 가능성과 자유민주주의에 대한 불만은 민중의 일반의지를 찬양하는 이데올로기인 포퓰리즘에 유리하게 작용한다.

모든 정치 현상은 얼마간 특수한 문화적·정치적·사회적 맥락의 산물이며 포퓰리즘도 예외가 아니다. 포퓰리즘이 여러 형태로 나타나는 이유가 여기에 있다. 포퓰리즘이 결국 어떤 특수한 형태를 취할지는 포퓰리즘이 작동하는 환경에서 지배적인 사회적 불만과 관련이 있다. 포퓰리스트는 우세한 정치 세력이 의도적으로든 아니든 충분히 제기하지 않고 있는 사회적 불만을 감지하고 정치 쟁점화하는 데 능하다. 하지만 포퓰리즘은 아주 기본적인 일군의 이념인 까닭에 숙주 이데올로기와 결합된 채로 나타날 수밖에 없다. 이 결합은 대규모 집단들의 관심을 끌기 위해 정치적 맥락에 대한 더 폭넓은 해석을 제시하는 데 매우 중요하다. '민중'과 '엘리트'에 대한 특수한 해석을 만들어내는 것은 포퓰리즘과 숙주 이데올로기의 **결합**이다. 이런 해석은 으레 국가적 맥락과 관련이 있지만, 특정한 지역적 현상은 오늘날 유럽의 극우 포퓰리즘 정당들이나 라틴아메리카의 극좌 포퓰리스트들처럼 서로 상당히 비슷한 포퓰리스트들의 물결을 일으킬 수 있다.

제 3 장

_____

포풀리즘과
동원

이 책에서 제시한 정의는 정치 행위자들이 포퓰리즘을 활용해 대중을 동원하는 방식에 관해 많은 것을 말해주지 않는다. 포퓰리즘적 동원의 여러 유형을 조명함으로써 우리는 어째서 특정한 포퓰리즘적 경험이 다른 경험보다 선거에서 더 성공을 거두고 더 오래 지속되는지를 더 잘 이해할 수 있다. 계속 서술하기에 앞서, 포퓰리즘이 일반적으로 강한 (남성) 지도자와 연관되고, 이데올로기적 프로그램보다 지도자 개인의 카리스마적 매력이 **그의** 지지 기반이라는 점을 유념할 필요가 있다. 이렇듯 카리스마적 (남성) 지도자들이 포퓰리즘에 중요하긴 하지만, 그렇다고 포퓰리즘적 동원이 언제나 카리스마적 지도자와 연관되는 것은 아니다. 우리는 과거와 현재 전 세계 포퓰리즘 세력의 사례들을 간략히 개관하면서 포퓰리즘이 동원의 여러 형태와 연관된다는 것을 보여줄 것이다.

우리가 말하는 동원의 의미는 특정 문제에 대한 다양한 개인들의 의식을 고취함으로써 그들을 공통 대의를 지지하는 집단행동으로 이끄는 것이다. 전반적으로 보아 포퓰리즘적 동원의 세 유형을 확인할 수 있다. 사인적(私人的) 지도력 유형, 사회운동 유형, 정당 유형이다. 대부분의 포퓰리스트들을 이 가운데 하나에 깔끔하게 집어넣을 수 있지만, 일부는 이런저런 시점에 두세 가지 면모를 보인다. 세 유형이 보여주듯이, 포퓰리즘적 동원은 하향식일 수도 있고(사인적 지도력), 상향식일 수도 있고(사회운동), 둘 다일 수도 있다(정당). 포퓰리스트들이 동원하는 방식은 그들이 속한 정치체제에 의해 어느 정도 결정되지만, 그 성공의 내구성은 동원 유형의 영향을 강하게 받는다.

사인적 지도력

포퓰리즘적 동원의 전형적인 형태는 기존 정당조직에 대체로 의존하는 개인이 **자신**의 매력을 바탕으로 캠페인을 펼치고 지지를 모으는 식이다. 에콰도르의 라파엘 코레아, 네덜란드의 핌 포르타윈, 페루의 알베르토 후지모리, 이탈리아의 베페 그릴로, 태국의 탁신 친나왓을 떠올려보라. 이 모든 경우에 대다수 지지자들은 순전히 위에서 아래로 동원하는 지도자와의 개인적(사인화된) 연계를 느꼈다. 지도자들은 대체로 강한 정치조직이나 사회조직을 거치지 않고 지지층과 직접 연결된다. 하향식 동원이 포퓰리스트 지도자들의 전유물은 아니지만, 이들은 확실히 하향식 동원을 더 많이 한다.

포퓰리즘과 사인적 지도력의 이런 경험적 친연성은 어디서 생겨날까? 그 답은 어느 정도는 포퓰리즘 이념 집합, 즉 '순수한 민중'과 '부패한 엘리트' 둘 다 동질적인 집단으로 여기는 이념 집합의 성격에 있다. 이런 이유로 포퓰리스트 지도자는 자신이 **단일한** 민중을 의인화한 존재라고 주장할 수 있다(물론 '민중'의 다른 어떤 성원이라도 지도자가 될 수 있다). 일부 경우에 포퓰리스트 지도자는 정치운동의 중핵일 뿐 아니라 정치적 정체성의 중핵이기도 하다. 베네수엘라의 차베스주의, 네덜란드의 포르타윈주의, 아르헨티나의 페론주의를 떠올려보라.

그렇지만 대부분의 경우 포퓰리스트 지도자는 자기 주변에 모종의 정치조직, 흔히 선거 경쟁에서 성공하기 위한 필요악으로 간주되는 조직을 만든다. 기술적으로 말하자면 이 조직은 정당, 즉 선거에서 하나 또는 그 이상의 공직 후보를 공천하는 정치집단이다. 그렇지만 많은 경우 이 조직은 내부 성원이나 위원회, 구조가 거의 없는 허울에 지나지 않는다. 따라서 우리는 이런 유사조직 유형을 사인적 선거 수단이라고 부르는 편을 선호한다. 다시 말해 이런 유사조직은 강한 지도자가 선거 경쟁이라는 구체적인 목표를 위해 얼마간 임시변통으로 구축하고 또 완전히 통제하는, 실권이 없는 정치 구조물이다.

강한 정치조직에 얽매이지 않는 사인적 선거 수단을 마련함으로써 포퓰리스트 지도자는 스스로를 청렴한 행위자로 묘사할 수 있고, 중재자 없이 '민중'과 직접 연결되므로 '보통사람들'의 목소리가 될 수 있다고 주장할 수 있다. 예컨대 코레아는 2006년 에콰도르 대통령 선거에서 기득권층을 거부하고 의회 후보를 내지 않는 신당을 창당하여 승리를 거두었다. 코레아는 정당이란 곧 사기성 조직이라고 주장했다. 그리고 국민주권을 존중하는 제도적 틀을 구성할 제헌의회를 소집해 새 헌법을 기초하겠다고 약속했다. 이와 비슷한 사인적 동원의 패턴을 네덜란드인 헤이르트 빌더르스의 경우에도 찾아볼 수 있다. 사인적 선거 수단에 불과한 자유당(Partij voor de Vrijheid)을 만든 빌더르스는 유일한 당원으로서 여러 입법기관에서 어떤 사람들이 당을 대표할 수 있는지, 그리고 그들이 어떻게 행동하고 투표해야 하는지를 홀로 결정한다.

사인적 지도력 유형은 세계 각지에서 볼 수 있긴 하지만 라틴아메리카 같은 특정 지역들에서 더 흔하게 나타난다. 라틴아메리카 포퓰리즘의 세 차례 물결이 이는 동안 첫번째 물결의 페론부터 두번째 물결의 후지모리를 거쳐 세번째 물결의 코레아에 이르기까지, 전형적인 동원 유형은 줄곧 사인적 지도력 유형이었다. 이 점은 남한과 타이완처럼 포퓰리스트가 세력 동원에 성공한 대다수 비서구 국가들에서도 마찬가지였다. 이 나라들의 공통점은 대통령제와 비교적 약한 제도권 정당들로 이루어진 민주주의를 발전시키고 있다는 것이다.

사례: 페루의 알베르토 후지모리

1980년대 말 페루는 심각한 경제위기뿐 아니라 마오주의 게릴라 운동인 '빛나는 길(Sendero Luminoso)'의 흥기에도 직면했다. 이런 상황에서 그야말로 무명인 알베르토 후지모리가 기득권층에 나라를 위태롭게 하는 극심한 위기의 책임이 있다고 비판하는 한편, 스스로를 부패한 엘리트를 일소하려는 '순수한' 사람으로 내세우는 등 포퓰리즘적 선거운동을 펼쳐 집권에 성공했다. 후지모리는 일본계 배경을 강조함으로써 자신을 백인 엘리트층과 무관한 아웃사이더로, 따라서 '민중' 다수와 마찬가지로 인종 차별을 경험한 사람으로 표현했다. 후지모리의 선거운동 표어 중 하나가 "여러분 같은 대통령"이었던 것은 우연이 아니다. 이 표어는 그의 주적인 유명 작가 마리오 바르가스 요사에 대한 교묘한 공격이었는데, 2010년 노벨문학상을 받은 요사는 페루 문화계와 정계 기득권층의 명사이기 때문이다.

후지모리는 1990년 대통령에 선출되었으나 지지해주는 정당이 없었고 따라서 의회를 통제할 길이 없었다. 그는 서로 공통점이 거의 없는 변변찮은 두 조직인 중소기업가협회와 개신교복음주의자 네트워크의 도움을 받아 캄비오 90(Cambio 90, 캄비오는 '변화'라는 뜻)이라는 사인적 선거 수단을 창당했다. 캄비오 90의 인사들이 얼마나 존재감 없고 미숙했던지, 후지모리는 첫 내각에 이 정당의 성원을 단 한 명도 포함시키지 않았다. 그는 무소속 정치인들, 현역 또는 퇴역 장교들, 그리고 다른 정당 출신의 몇몇 인사와 함께 통치하는 편을 택했다.

1995년 선거를 치르기 위해 후지모리는 신다수당(Nueva Mayoria)이라는 새 정당을 만들어 의회의 과반 의석을 확보했지만, 거의 모든 국회의원이 후지모리와 그의 측근들이 뽑은 정치 신예였다. 1998년 지방선거에서 부진한 뒤, 후지모리는 2000년 총선을 위해 또다른 정당인 독립전선 페루 2000(Frente Independiente Peru 2000)을 결성하기로 했다. 그리고 매우 지저분한 과정을 거쳐 대통령에 당선되었지만 의회 과반을 점하는 데 실패했다. 그러자 그는 자신의 정부를 지지하도록 야당 의원들에게 조직적으로 로비하기 시작했고, 이것이 몰락의 단초가 되었다. 뇌물 수수 조사를 받던 후지모리는 일본 방문중에 팩스를 보내 대통령 사임을 알린 다음 페루에서 수감되지 않고자 몇 년간 일본에 머물렀다.

요컨대 후지모리는 극히 약하고 자신이 완전히 통제하는 정치조직들을 활용해 선거를 치렀다. 그 결과로 후지모리의 딸 게이코는 몇 년 뒤 정계에 진출하기로 결정했을 때, 과거 **후지모리주의** 정부에서 일했던 지도자 몇 명을 포섭하긴 했지만, 사실상 맨바닥에서 새 정당을 꾸릴 수밖에 없었다. 신당 '민중의 힘(Fuerza Popular)'을 통해 게이코 후지모리는 아버지 정부에 공감하는 지역 엘리트들과 풀뿌리 조직들을 결속하는 공통 정체성을 구축할 수 있었다.

사회운동

시위와 행진, 집회는 현대 사회에서 흔히 볼 수 있는 정치적 현상이다. 이것들은 개인들을 결집시켜 권력자에게 압력을 가하는 정치적 동원의 사례다. 항의가 일회성으로 끝나지 않고 한동안 지속될 경우 사회운동이라 부른다. 사회운동은 흔히 비공식 네트워크(또는 '네트워크들의 네트워크')로 묘사되며, 공동 목표를 달성하기 위해 뚜렷한 적을 상대로 집단행동을 촉구하는 개인과 정치집단의 지속적인 관여를 특징으로 한다. (새로운) 사회운동을 대표하는 사례로는 1960년대 미국의 민권운동과 1970년대 서유럽의 환경운동 등이 있다.

　요컨대 사회운동이란 어떤 목표를 이루기 위해 제도화되지 않은 집단행동에 관여하는 사람들을 공통의 정체성과 적을 매개로 결속시키는 비공식 네트워크다. 사회운동이 더 일반적인 선거 행위보다 제도화되지 않은 집단행동을 선호하는 것은 대개 의사결정 과정에 접근할 수 없기 때문이다. 그러므로 사회운동은 대개 공식 조직을 갖추고 있고 의사결정 과정에 정기적으로 참여하는 정당 및 이익집단과는 다르다.

　공통의 정체성과 적을 규정하는 문제에 관해 말하자면, 사회운동은 사회에 영향을 주는 가장 중요한 사회적 불만이 무엇인지 알리는 **프레임**을 구축해야 한다. 그 과정에서 사회운동들은 보통 여러 이데올로기 구조에 의존한다. 예를 들어 노동운동은 프레임을 구축하기 위해 재계를 공통의 적으로, 노동계급을 고통받는 인구로 묘사한 마르크스주의 사상을 곧잘 활용한다. 사회운동이 포퓰리즘을 활용해 프레임을 구축하려는 시도를 막는 것은 아무것도 없다. 그렇지만 그런 일은 그리 자주 일어나지 않는다. 대부분의 사회운동은 학생, 여성, 노동자 같은 개인들로 이루어지는 **특정한** 집단의 공통 정체성을 구축하려 한다. 반면에 포퓰리즘은 하나의 동질적인 범주로서의 '민중'에 대해 말한다. 포퓰리즘은 '부패한 엘리트'에게 빼앗긴 주권을 되찾기 위해 사회 전체는 아닐지라도 개인들의 **폭넓은** 집단이 행동에 나서야 한다고 가정하는 이념 집합이다.

그런 까닭에 포퓰리즘은 특정한 유권자들(즉 '민중'의 하위범주들)에 초점을 맞추어 프레임을 구축하는 데에는 그리 도움이 되지 않는다.

포퓰리즘적 사회운동의 흥미로운 측면은 바로 상향식 동원의 사례라는 것이다. 실제로 포퓰리즘적 사회운동에는 통상 중앙집권적인 지도부나 지배적인 지도자가 없다(지도자가 아예 없다는 말은 아니다). 특정 인물들이 때때로 중요한 역할을 할 수 있지만, 포퓰리즘적 사회운동의 핵심 강점은 기득권층에 대한 광범한 분노를 해석하고 해결책이 주권자 민중에게 있다고 설득력 있게 제안하는 능력에 달려 있다. 따라서 기득권층의 고위 인사들이 두루 연루된 중대한 부패 스캔들이나 국민주권 원리를 심각하게 침해한 사건은 포퓰리즘적 사회운동이 출현하기에 좋은 조건이 된다. 반면에 특정 집단(예컨대 청년층)이 차별당한다고 느끼거나 제한된 정책 부문(예컨대 생태 부문)을 개혁하려는 정치적 국면은 포퓰리즘적 사회운동이 등장하는 데 그리 도움이 되지 않는다.

현대 세계로 눈을 돌리면, 경기 대침체를 계기로 세계 각지에서 매우 다양한 포퓰리즘적 사회운동들이 출현했다. 미국의 월스트리트 점령 운동과 에스파냐의 인디그나도스 운동이 좋은 예다. 전자의 표어는 "우리가 99퍼센트다"였고, 후자의 표어는 "지금 당장 진짜 민주주의를—우리는 정치인과 은행

가의 상품이 아니다"였다. 두 운동 모두 '정치계층'(라 카스타)
과 재계를 '부패한 엘리트'로 묘사하고 동질적인 민중('99퍼센
트')을 정치적 정당성의 유일한 원천으로 규정하는 등 뚜렷한
포퓰리즘적 어조로 말했다. 그리고 둘 다 주변화된 소수집단
들―종족적·종교적·성적 소수집단을 포함해―을 대부분 포
용하는 '민중' 정의를 내놓는 한편, 도덕적 관점에서 이해관계
와 가치관을 기준으로 '엘리트'를 배제했다. 엘리트 배제는 두
운동에나 정치적 우파에 속하는 한층 배타적인 포퓰리즘 운
동들에나 필수적인 것이었다.

사례: 미국의 티파티

이 운동의 물결이 훨씬 전부터 일긴 했지만, 인기 있는 설명
들이 꼽는 티파티의 기원은 CNBC의 기자 릭 산텔리가 2009
년 2월 시카고상품거래소 현장에서 생방송중에 호통을 친 사
건이다. 민주당 대통령 버락 오바마의 구제금융 정책(공화당
전임 대통령 조지 W. 부시가 시작하긴 했지만)에 항의하던 산텔리
는 현장의 트레이더들을 향해 "다시 한번 티파티를 벌일 때입
니다"라고 소리쳤다―여기서 '티파티'는 1773년 북아메리카
식민지 주민들이 영국 정부의 과세에 반발해 일으킨, 미국독
립혁명의 전주곡이 된 보스턴 차 사건(Boston Tea Party)을 가
리킨다. 이 미디어 사건이 이제 막 싹튼 운동을 틀림없이 북돋

우긴 했지만, 티파티는 여러모로 미국의 보수적이고 포퓰리즘적인 분노의 가장 최근 형태일 뿐이다.

티파티 운동은 블로거 켈리 카렌더('자유의 종'으로 알려진)처럼 느슨하게 조직된 수많은 풀뿌리 우파 포퓰리스트 활동가들과 '티파티 애국자들(Tea Party Patriots)' 같은 집단들뿐 아니라, '번영을 위한 미국인들(Americans for Prosperity)'과 프리덤웍스처럼 전문가들로 이루어진 전국적 보수 단체들까지 기반으로 삼았다. 이른바 풀뿌리파와 인조잔디파의 연합은 처음부터 문제가 많았는데, 풀뿌리파 지지자 다수가 인조잔디파 전문가들을 부패한 엘리트층의 일부로 간주했기 때문이다. 더욱이 티파티가 특히 인조잔디파 때문에 공화당과 더욱 밀접한 관계가 되어감에 따라, 이 운동에서 더 포퓰리즘적인 집단들은 전국 공동 캠페인에 등을 돌린 채 특히 미국 중서부와 남부에서 지역과 지방 수준의 전투에 더 집중했다.

그렇지만 티파티 운동의 풀뿌리 부분마저 극히 다양한 주의주장과 집단을 포함하는데, 거기에는 자유지상주의자, 사회적 보수주의자, 종교적 근본주의자, 백인 우월주의자 등이 들어 있다. 우파 텔레비전 방송인 글렌 벡부터 하원의원 미셸 바크먼에 이르기까지 지도자를 열망하는 다양한 인물들이 등장했지만, 모두 특정한 하위집단과 연관되어 있고 따라서 무정형의 티파티 운동 내에서 지지 세력 못지않게 반대 세력도 많이 가지고 있다. 알래스카 전 주지사로 2008년 존 매케인의 부통령 후보로 지명된 뒤 국내외적으로 유명인사가 된 세라 페일린마저 (영리 목적의) 티파티 집회에서 연설을 하고 거액을 청구했다는 이유로 거센 비판을 받는 등 티파티 집단들 간 싸움에 휘말렸다.

과거의 다른 풀뿌리 포퓰리즘 운동들과 마찬가지로, 티파티는 전국 수준의 동력을 금세 잃어버렸다. 특정 집단들이 지역 수준에서 영향력을 유지하고는 있지만, 전국 단위 지도부와 조직이 없다는 것이 한 가지 이유다. 그럼에도 티파티와 가까웠던 몇몇 공화당 지도자들(예를 들어 테드 크루즈, 랜드 폴, 마르코 루비오)은 2016년 대통령 예비경선에서 경쟁할 수 있었다. 다만 공화당 지지기반 중 상당 부분은 아웃사이더 도널드 트럼프를 지지했으며, 티파티가 가까운 미래에 공화당 지도부와 지지기반에 얼마나 영향을 줄지는 미지수다.

정당

미국 정치학자 E. E. 샤츠슈나이더는 정당 없는 민주주의를 생각할 수 없다는 유명한 발언을 했다. 이 말은 대체로 과장이 아니다. 현대 민주주의는 확실히 정당에 달려 있는 통치 형태다. 민주주의 체제에서 정당은 적어도 세 가지 핵심 기능을 한

4. 티파티는 2000년대 후반 경기 대침체가 시작된 뒤 미국에서 득세한 포퓰리즘 운동이다. 선출 정치인들의 직접 통제를 받지 않는 티파티 풀뿌리 조직들은 2009년 인디애나주 미셔카와에서 열린 이 사진과 같은 집회를 주최한다.

다. 첫째, 정당은 사회 여러 부문의 이익을 집약하려는 조직이다. 둘째, 정당은 유권자들에게 공약하는 정책 프로그램을 자세히 설명하고, 유권자들은 그런 프로그램을 평가해 선거에서 누구에게 투표할지 결정한다. 셋째, 정당은 선거를 치르고 또 공직을 통해 개혁을 실행하는 데 아주 중요한 인력을 훈련시키기 위해 시간과 자원을 투자한다.

정당의 세 가지 핵심 기능은 대의정치 과정 자체와 밀접한 관련이 있다. 현대 민주주의 국가는 유권자들이 자신을 대신해 결정을 내릴 공직자들을 자유롭게 선출하는 특정한 정치체제 유형이다. 이 대표들은 대개 정당에, 즉 선거에서 공직 후보를 공천하는 정치조직에 속한 개인이다. 정당들은 표를 놓고 경쟁하는 까닭에 유권자들이 중요하게 여기는 쟁점을 감지하고 그에 대응하는 정책 프로그램을 마련해야 한다. 쟁점을 발견하고 프로그램을 구성하는 이 과정에서 정당의 활동가, 당원, 지도자는 긴밀히 소통한다. 따라서 정당은 지도자 한 명 그 이상이다. 정당의 조직과 이데올로기 모두 강한 지도자와 연관될 수는 있지만 한 사람에게 전적으로 의존하는 것은 아니다. 이런 이유로 정당은 대개 특정한 지도자보다 오래 살아남는다.

포퓰리즘이 일반적으로 기득권층을 공격하는 데 활용되는 까닭에, 전문가와 학자는 포퓰리즘이 대의정치에 어긋난다고 주장하는 경향이 있다. 어쨌거나 포퓰리스트 행위자와 유권자는 보통 기존 정당들을 가리켜 부패한 조직이라고 주장한다. 그렇다고 해서 포퓰리즘이 대의정치와 본질적으로 반목하는 것은 아니다. 포퓰리스트들이 원하는 결과는 **자신들의** 대표들, 즉 '민중'의 대표들이 정권을 잡는 것이다. 이런 이유로 포퓰리즘 정당은 포퓰리즘을 활용해 기득권층에 도전하는 한편, 자신들의 대표가 없다고 느끼는 집단에게 발언권을 준다. 실제로 포퓰리즘 정당이 부상하고 선거에서 강세를 보이는 현상은, 기존 정당들이 의도적으로든 아니든 충분히 제기하지 않는 특정 사안을 정치 쟁점화하는 능력과 직접적인 연관이 있다. 포퓰리즘 정당은 유의미한 조직이 되고 고유한 쟁점을 갖게 되자마자 정치지형에서 나름의 공간을 차지하고, 그로써 다른 정당들에 대응하고 포퓰리즘적 관심사를 고려하도록 강요한다. 사회운동 역시 이렇게 할 수 있지만, 포퓰리즘 정당이 표(그리고 의석)를 얻는 능력을 바탕으로 더 효과적으로 해낸다.

포퓰리즘과 정당 사이의 이데올로기적 긴장에도 불구하고, 정당은 유럽 대부분의 지역에서 포퓰리즘적 동원의 전형적인 유형이다. 오늘날 유럽의 과반수 국가들에는 성공한 포퓰리즘 정당이 적어도 하나는 있으며, 대략 셋 중 한 국가에서 3대 정당 중 하나는 포퓰리즘 정당이다. 포퓰리즘 정당 중 일부가 반짝정당의 전형에 들어맞긴 하지만, 다수는 실질적 정당 보다는 사인적 지도자가 임시변통으로 마련한 선거 수단으로 분류하는 편이 더 낫다. 이 점에서는 푸자드주의 정당의 원형 적 사례와 라트비아 인민전선(Tautas Kustība Latvijai) 같은 더 근래의 사례들 모두 마찬가지다. 이런 정당들이 대부분 오스 트리아의 '팀 스트로나흐(Team Stronach)'와 네덜란드의 '레이 스트 핌 포르타윈(Lijst Pim Fortuyn)'처럼 공식적으로 지도자 의 이름을 따서 당명을 짓거나 대개 지도자의 이름으로 알려 져 있는 것은 놀랄 일이 아니다. 일례로 라트비아 인민전선은 당수 베르너 요하임 지게리스트의 이름을 따서 지게리스트당 으로 더 널리 알려졌다.

　서유럽에서 더 유의미한 우파 포퓰리즘 정당들은 대부분 20년이나 그 이상 동안 비교적 굳건히 자리잡은 조직이다. 그 중에서도 오스트리아 자유당과 스위스 인민당(Schweizerische Volkspartei)은 각각 1956년과 1971년에 출범했으며, 도중에 이데올로기를 바꾸긴 했으나 조직의 연속성을 유지해왔다. 프랑스의 국민전선과 노르웨이의 진보당(Fremskrittspartiet) 같은 '새로운' 정당들의 역사마저 1970년대로까지 거슬러올 라가며, 벨기에 정당 '플랑드르의 이익(Vlaams Belang)'과 이탈 리아 정당 북부연맹(Lega Nord)은 각각 1980년대 초와 말에 발족했다. 이 모든 당은 굳건한 정당조직을 느리되 꾸준하게 구축하고 제도화했으며, 대개 청년 분파 같은 보조조직을 몇 개 두었다. 1989년에 공산주의가 붕괴하기 전만 해도 정당이 거의 없었고 오늘날 대부분의 정당이 불안정하고 약한 동유럽에서마저 몇몇 포퓰리즘 정당은 꽤 안정적이며 잘 조직되어 있다. 슬로바키아의 좌파 포퓰리즘당 방향–사회민주주의(Smer-sociálna demokracia)나 폴란드의 우파 포퓰리즘당 '법과 정의' 등이 그런 예다.

사례: 프랑스의 국민전선

국민전선〔2018년 6월 국민연합Rassemblement National으로 이름을 바꾸었다―옮긴이〕은 신파시스트적인 신질서(Ordre Nouveau)부터 마르셀 르페브르〔1905~1991. 가톨릭 대주교로 제2차 바티칸 공의회에 따른 변화를 거부하고 트리엔트 공의회의 전통만을 따랐으며, 교황 요한 바오로 2세의 승인 없이 사제 네 명을 주교로 서임했다가 파문당했다―옮긴이〕의 초정통 가톨릭파까지 갖가지 극우 파벌들의 연합으로서 설립되었다. 이 파벌들을 결속시킨 것은 전적으로 장마리 르 펜의 위압적인 지도력이었다. 초기에 더디게 성장한 국민전선은 부분들의 총합보다 별반 나을 것이 없었고 1980년대 중반까지 당원이 1만 4000명에 지나지 않았지만, 그후 브뤼노 메그레의 유능한 운영에 힘입어 조직을 키워나가기 시작했다. 국민전선은 1999년 르 펜

진영과 메그레 진영의 분열로 유능한 당 조직자의 대부분과 간부의 약 3분의 2를 잃는 등 중상을 입었다. 2011년 아버지의 당수 자리를 이어받은 마린 르 펜의 지도 아래 재탄생을 경험한 국민전선은 당원을 대략 2만 2000명에서 8만 3000명으로 네 배 가까이 늘렸다.

명목상 당규는 민주적이지만 국민전선의 권력구조는 극히 중앙집권적이다. 당수는 당대회를 통해 선출되며 진지한 경쟁자들에 직면할 수 있고 또 실제로 직면하지만, 일단 선출되고 나면 지극히 강력하다. 마린 르 펜은 자신이 임명하고 또 책임을 지는 사람들이 우두머리로 있는 수많은 조직을 통해 불균형적인 영향력을 행사한다. 실제로 마린이 권력을 넘겨받고 아버지와 딸이 갈수록 공공연한 불화를 빚은 후, 아버지는 당에서 쫓겨날 경우 스스로를 보호할 수 없는 명예직인 '종신 당총재'로 불리게 되었다. 제명은 당대회에서의 승인을 거쳐야 했고 그에게는 당내의 법적 구제책이 있었음에도, 장마리는 민사재판을 거쳐서야 국민전선에 그를 복권시킬 것을 명하는 우호적인 판결을 받을 수 있었다〔이 판결로 명예 총재직은 유지할 수 있었지만 결국 2015년 8월 제명당했고, 2018년 3월에는 명예 총재직마저 폐지되었다―옮긴이〕.

오늘날 국민전선 조직은 해외 영토를 포함해 프랑스 영토 전역에 퍼져 있다. 당원 2만 5000여 명을 자랑하는 강력하고 매우 활동적인 청년조직 청년국민전선(Front National de la Jeunesse)도 그중 하나다. 국민전선은 11개 지역 지부들로 이루어진 '해외 프랑스인'을 위한 조직까지 두고 있고, 세계 80개국에 당원이 있다고 주장한다. 조직의 가장 확고한 유권자인 블루칼라 노동자들과의 연계를 강화하기 위해, 국민전선은 특히 예전부터 당의 이상에 공감해온 부문들(예컨대 경찰관과 교도관)에서 노동조합을 결성하기도 했다. 노동조합 선거에서 거둔 그리 대단치 않은 승리가 맹렬한 반국민전선 노동조합들에 의해 무효화됨에 따라, 국민전선은 당원을 전통적인 노조와 그 지도부에 '침투'시키는 '위장 잠입' 전략을 구사하기 시작해 갈수록 성공을 거두었다.

동적 모델

대부분의 포퓰리즘적 동원 사례들이 적어도 특정 시점에는 상술한 세 유형에 깔끔하게 들어맞긴 하지만, 많은 경우 포퓰리즘적 동원은 여러 단계를 거치는 과정이다. 거의 모든 포퓰리즘적 동원은 굳건한 조직구조 없이 출발한다. 포퓰리스트 지도자가 잘 조직된 기존 정당을 넘겨받은 다음 비포퓰리즘 정당에서 포퓰리즘 정당으로 탈바꿈시키는 경우는 예외일 것이다. 흥미롭게도 유럽에서는 이것이 점점 더 흔한 경로가 되고 있다.

좌파든 우파든 유럽에서 성공한 포퓰리즘 정당들은 대부분 비포퓰리즘 정당으로 출발했다. 예를 들어 독일 포퓰리즘당 좌파당(Die Linke)은 동독의 집권당으로 엘리트주의적 마르크스-레닌주의 조직이었던 독일 사회주의통일당(Sozialistische Einheitspartei Deutschlands)의 후신이다. 서유럽에서 가장 성공한 축에 드는 두 극우 포퓰리즘 정당인 오스트리아 자유당과 스위스 인민당은 비록 중요한 포퓰리즘 파벌이 있긴 했지만 비포퓰리즘 정당으로 출발했다. 외르크 하이더와 크리스토프 블로허는 각기 당수로 선출된 뒤 기존의 비포퓰리즘 정당을 극우 포퓰리즘 정당으로 바꾸었다. 헝가리의 오르반 빅토르와 청년민주동맹처럼 이례적인 경우에는 한 지도자가 장기간에 걸쳐 비포퓰리즘 정당을 포퓰리즘 정당으로 바꾸기도 한다.

이 사례들은 포퓰리즘 정당 내에서 지도자가 매우 강력할 수 있음을 보여준다. 그렇지만 상술한 포퓰리즘 정당들이 지도자의 사인적 선거 수단이었다는 뜻은 아니다. 하이더와 블로허는 권력을 잡고 당을 뜯어고쳐 선거에서 중대한 승리를 거둔 후에도 당내에서 (포퓰리스트와 비포퓰리스트 모두의) 상당한 반발에 부딪혔다. 오스트리아 자유당의 내홍이 얼마나 격렬했던지, 하이더는 결국 '자신의' 당을 떠나 새로운 오스트리아 미래동맹(Bündnis Zukunft Österreich)을 창당하는 길을 택했다. 흥미롭게도 하이더의 지역 거점인 케른텐주 외부의 대다수 유권자들은 옛 지도자를 따라 신당으로 옮겨가지 않고 기존 자유당에 계속 충성했다.

그렇지만 대부분의 경우 포퓰리즘적 동원은 기존 정당조직과 무관하다. 흔한 동원 방식은 사인적 지도자가 임시변통 선거 수단을 구성하는 방식, 즉 포퓰리스트 지도자를 중심으로 하는 하향식 동원이다. 많은 경우 이런 동원은 성공하지 못하거나, 선거에서 약진한 직후 허물어진다. 몇 차례 선거에서 얼마간 성공한 포퓰리스트 지도자는 자신의 권력을 공고히 하고 권력의 효과를 높이기 위해 아무리 내키지 않고 꺼려지더라도 정당을 결성하는 경향이 있다.

창립자 겸 지도자의 우위에도 불구하고, 대부분의 포퓰리즘 정당은 지도자보다 오래 살아남는다(다만 지도자 사후에 대체로 선거에서 후퇴하고 지도력이 약해지는 시기를 겪는다). 일부 경우 강한 지도자가 한 사람에서 다른 사람으로 바뀌기까지 한다. 국민전선(장마리 르 펜에서 마린 르 펜으로)과 오스트리아 자유당(하이더에서 하인츠크리스티안 슈트라헤로)이 그런 사례다. 창립자 겸 지도자의 죽음을 계기로 파벌들이 포퓰리즘 이념을 지키는 정당을 결성하고자 더욱 단결하는 경우도 있다. 이런 사례는 라틴아메리카에서 찾아볼 수 있는데, 페론의 죽음은 아르헨티나 정의당(Partido Justicialista)의 통합을 촉진했으며, 차베스의 죽음은 베네수엘라 통합사회주의당의 강화에 이바지한 것으로 보인다.

사회운동은 포퓰리즘적 동원에서 상당히 드문 유형이다. 그렇지만 미국에서는 19세기 말 농촌포퓰리즘 운동부터 21세기 초 우파와 좌파의 포퓰리즘 운동에 이르기까지 가장 흔한 유형이다. 다른 사회운동들과 마찬가지로, 포퓰리즘적 사회운동은 전국 차원의 강한 지도자나 조직이 없는 일시적인 지역 운동에 그치는 경향이 있다. 근래의 월스트리트 점령 운동은 사회운동 단계를 넘지 못하고 단명한 포퓰리즘의 완벽한 예다. 수년 이상 살아남을 수 있는 포퓰리즘적 사회운동은 거의 없다. 그 이상 살아남는 포퓰리즘적 사회운동은 대체로 티파티처럼 더 굳건히 조직된 단체들이나, 공화당을 포함해 지역과 전국 차원의 다양하고 폭넓은 우파 단체들의 네트워크와 연결되어 있다.

포퓰리즘적 사회운동에서 강한 지도자가 부상하고 나면 그 지도자와 운동 사이에 긴장이 생긴다. 특히 지도자가 정당을 결성해 핵심 활동가들 상당수를 포섭하고 미디어의 관심을 끄는 데 성공할 경우, 운동은 금세 동력을 잃는다. 예를 들어 2011년 인도에서 전례없이 심각한 부패의 물결에 뒤이어 출현한 포퓰리즘적 사회운동 '부패에 반대하는 인도(India

Against Corruption)'는, 지도부 '팀 안나(Team Anna)'의 일원인 아르빈드 케즈리왈이 보통사람당(Aam Aadmi Party)을 창당해 선거에서 다양한 수준의 성공을 거둔 뒤 대체로 소멸되었다. 이와 비슷하게, 2011년 에스파냐에서 불평등과 부패 심화에 항의하며 출현한 인디그나도스는 2014년 포데모스가 창당된 뒤 쇠락했다. 포데모스는 지식인과 명사 30명이 선언한 서명을 발표한 뒤 발족했으며, 창립자이며 당수인 정치학자 파블로 이글레시아스 투리온이 이데올로기적 저항에도 불구하고 당권을 확실히 장악하고 있다.

마지막으로, 포퓰리즘적 동원의 세 유형이 동시에 나타나는 현대 볼리비아에서 매우 이례적인 사례를 발견할 수 있다. 에보 모랄레스는 사인적 지도자로서 2000년대에 신자유주의 정책에 반대하고 종족 집단들의 대의권 강화를 위해 싸운 사회운동들과 긴밀히 연결되어 있다. 2006년 대통령으로 선출된 모랄레스가 속한 사회주의운동당도 이 사회운동들과 긴밀한 사이다. 동시에 사회주의운동당은 강한 정치조직이며, 모랄레스에게 충성하면서도 전국을 아우르는 여러 파벌과 제도적 구조를 가지고 있다. 볼리비아에서는 포퓰리즘적 동원의 세 유형 사이에 중요한 긴장이 존재한다. 예컨대 사회운동들은 때때로 에보 모랄레스에게 특정 개혁에 대한 입장을 바꾸도록 강요해왔다. 그리고 모랄레스가 사회주의운동당의 당수

5. 에보 모랄레스는 볼리비아 최초의 원주민 출신 대통령으로서 널리 존경받고 있다. 2006년 집권한 이래 포퓰리즘 정부를 이끌며 중요한 좌파 개혁을 실행했다. 그의 표어가 "새로운 볼리비아를 건설하자"인 것은 우연이 아니다.

지위를 확고히 유지하고 있기는 해도, 당내에서는 가까운 미래에 누가 그를 대체할지에 대한 논쟁이 계속되고 있다.

결론

포퓰리스트들은 다양한 방식으로 동원한다. 우리는 포퓰리즘적 동원의 세 가지 주요 유형인 사인적 지도력 유형, 사회운동 유형, 정당 유형을 논했다. 그렇지만 두 가지 중요한 물음에 아직 답하지 않았다. 첫째, 포퓰리즘적 동원의 어떤 유형이 다른 지역보다 특정 지역에서 더 우세한 이유는 무엇인가? 둘째, 세 유형은 포퓰리즘의 선거 성공에 제각기 다른 영향을 주는가?

먼저 첫째 물음에 답해보자. 다양한 정치적 맥락은 특정한 동원 유형에 얼마간 유리한 조건을 설정하고 유인을 제공한다. 그렇기는 해도 가장 유의미한 요인은 포퓰리즘이 대통령제와 의회제 중 어느 쪽에서 대두하느냐는 사실일 것이다. 더 일반적으로 말하면, 대통령제는 사인적 지도력을 강화하는 반면에 의회제는 정당의 출현을 자극한다. 이런 이유로 정당에 대한 애착이 없는 포퓰리스트 지도자는 대통령제에서 우세를 점하고 더 나아가 행정권까지 장악할 수 있다. 실제로 라틴아메리카에서 이런 일이 수차례 일어났다(페론, 후지모리, 코레아). 반면에 의회제에서는 국민을 대신해 정치를 하는 정당들이 행정부를 통제할 후보를 공천한다. 따라서 유럽 내 거의 모든 포퓰리즘 세력이 그럭저럭 잘 조직된 정당인 것은 우연이 아니다.

포퓰리즘적 사회운동의 부상을 분석할 때 대통령제와 의회제는 결정적인 차이로 보이지 않는다. 오히려 다른 사회운동들과 마찬가지로, 포퓰리즘적 사회운동은 제한된 '정치적 기회의 구조(political opportunity structure, POS)'를 가진 민주주의 국가에서 주로 발전할 것이다. 이보다 더 제한된 POS 제도로는 다수결 선거제, 서로 제휴 관계인 두 당의 양당제, 선거나 로비를 통해 정치에 영향을 끼치지 못하도록 막는 높은 (경제적) 장벽 등이 있다. 이 시각에서 보면, 미국에서 포퓰리즘적 동원의 유형들 가운데 사회운동 유형이 우세한 이유를 이해할 수 있다. 미국 사회 내에 포퓰리즘 정서가 널리 퍼져 있긴 하지만, 미국 정치를 지배하는 것은 생존 가능한 제3당의 부상을 매우 성공적으로 막아온 두 거대 정당―공화당과 민주당―이다. 미국 주류 정치인들이 포퓰리즘적 수사법을 자주 쓰긴 하지만, 실제로 포퓰리즘적 동원은 오직 정당 구조 밖에서만, 티파티처럼 대개 두 당 중 하나와 밀접히 연관된 사회운동 안에서만 실행할 수 있다.

이제 둘째 물음이 남았다. 포퓰리즘적 동원의 유형들은 포플리즘의 선거 성공에 제각기 다른 영향을 주는가? 이 물음에 제대로 답하려면, 선거 성공을 두 가지 방식으로 규정할 수 있다는 데 유념해야 한다. 하나는 정치판(예컨대 의회나 대통령직)에 진입할 수 있을 만큼 표를 얻는 것을 의미하는 **선거 돌파**이고, 다른 하나는 정치체제 내에서 안정적인 세력으로 발전할 수 있는 능력을 의미하는 **선거 지속성**이다.

의심할 바 없이 포퓰리스트들은 사인적 지도력을 통해 선거 돌파를 이루어낼 수 있다. 특히 포퓰리스트 지도자가 스스로를 아웃사이더로 묘사할 만한 자격과 대중과의 직접적 관계를 맺을 만한 능력을 갖춘 카리스마적 인물일 때 그렇다. 하지만 이 유형의 지도자들은 대개 단체를 결성하는 일에는 몹시 서투르다. 이들은 유능한 활동가와 인력을 모아 정당을 알맞게 조직하기보다 사인적 선거 수단을 구축하는 탓에 선거 지속성 면에서 심각한 약점을 안고 있다. 예를 들어 알베르토 후지모리는 세 차례 대통령 선거에서 승리할 수 있었으나 그의 정당은 2000년 그가 페루를 떠나자마자 사라져버렸다—그 바람에 정당을 만들려던 그의 딸은 맨땅에서 시작해야 했다.

포퓰리즘 정당들은 급진적인 언어를 사용하기 때문에 통상 주류 정당의 반발뿐 아니라 시민사회 조직과 미디어의 반발에도 부딪히기 마련이다. 이런 반발이 강할수록 포퓰리즘 정당은 제대로 기능하면서 유능한 인력을 끌어모으는 조직으로 발전하기가 더 어렵다. 그 결과로 포퓰리즘 정당은 대개 선거 돌파에는 성공하되 선거 지속성을 확립하는 데에는 실패한다. 일부 포퓰리즘 정당은 전국 선거에서 대패하고도 살아남을 수 있는데, 특정한 지역 혹은 지방의 거점을 바탕으로 전국 정당으로 부활하는 목표를 재차 시도해볼 수 있기 때문이다. 유럽의 극우 포퓰리즘 정당 다수가 그런 지역 거점을 가지고 있다. 예컨대 '플랑드르의 이익'은 안트베르펜을, 스위스 인민당은 취리히를 거점으로 삼고 있다. 가장 극단적인 예는 오스트리아 미래동맹으로, 연방의회에서 활동하는 전국 정당이면서도 당수 하이더의 고향인 케르텐주 한 곳만을 확고부동한 지지 기반으로 삼았다.

포퓰리즘적 사회운동은 포퓰리즘의 선거 성공에 양면적 영향을 준다. 포퓰리즘적 사회운동이 부상할수록 분명 포퓰리즘 이념 집합이 더 부각되지만, 이것이 포퓰리스트의 선거 돌파로 자동으로 이어지는 것은 아니다. 예컨대 월스트리트 점령 운동이 좌파 포퓰리스트 정치인들의 당선에 크게 이바지했다는 증거는 없다―버니 샌더스와 엘리자베스 워런 같은 더 진보적인 민주당 의원들의 선거운동을 북돋았을 수는 있다. 그렇지만 미국 티파티와 공화당의 사례처럼 강력한 사회운동이 기존 정당과 연결되거나 얼마간 정당 안에서 동원될 경우에는 이야기가 다르다. 티파티는 비록 전국 정당인 공화당을 통제할 수는 없었지만 몇 차례 대통령 예비경선에서 중요한 역할을 했고, 주의회와 연방의회의 공화당 의원단에서 포퓰리스트 의원이 늘어나는 데 기여했다.

그렇지만 선거 지속성을 확립할 가장 좋은 기회는 포퓰리즘적 사회운동이 새 정당을 설립하거나 기존 정당을 바꿀 수 있을 때 찾아온다. 실제로 가장 성공한 정당들은 대부분 사회운동에서 생겨났고, 제대로 기능하는 정당을 수립하는 데 아주 중요한 조직 자원을 사회운동으로부터 얻었다. 유럽과 라틴아메리카에서 사회당과 사회민주당이 등장하는 데 노동운동이 끼친 영향을 생각해보라. 포퓰리즘적 사회운동이 포퓰리즘 정당의 선거 돌파와 지속성 둘 모두를 촉발한 전형적인 예는 볼리비아의 사회주의운동당으로, 당수 모랄레스는 지난 세 번의 대선과 총선에서 연달아 승리를 거두었다.

제 4 장

포퓰리스트
지도자

　지도자는 대부분의 정치 현상의 중심에 있으며 이 점에서 포퓰리즘도 분명 예외가 아니다. 많은 학자들이 다양한 현상 이상으로 포퓰리즘을 규정하는 특징으로 꼽는 것은, 급진적 개혁 수행을 목표로 대중을 동원할 수 있고 그리고/또는 정당을 지도할 수 있는 강한 지도자에 대한 의존이다. 실제로 포퓰리즘의 갖가지 현상은 색다르고 강한 정치 지도자들을 낳았다. 베네수엘라 대통령 우고 차베스부터 네덜란드 정치인 헤이르트 빌더르스에 이르기까지, 대개 행동과 연설을 통해 스스로를 민중의 목소리로 내세우는 강한 지도자가 포퓰리즘을 이끈다. 이런 이유로 영국 정치학자 폴 태가트는 포퓰리즘이 "가장 평범한 민중을 이끌 가장 비범한 개인들을 필요로 한다"라고 말한다.

포퓰리즘이 무엇보다도 서로 딴판인 행위자들이 활용할 수 있는 일군의 이념인 까닭에, **단일한 원형적 포퓰리스트 지도자 따위는 없다**. 학적인 글에서나 대중적인 글에서나 포퓰리스트 지도자의 전형으로 묘사하는 카리스마적 스트롱맨은 잘 알려진 몇몇 포퓰리스트 지도자에 들어맞지만, 그런 개인은 대체로 특정한 사회에서 성공을 거둔다. 대중을 동원하는 나라의 정치문화가 어떠한지에 따라 포퓰리스트 지도자들의 '비범한' 성격은 매우 구체적인 여러 특징을 드러낸다. 그렇지만 모든 포퓰리스트 지도자에게는 공통점이 하나 있는데, 바로 민중의 목소리를 자처한다는 사실이다. 이는 자신이 정치 아웃사이더인 동시에 보통사람들의 진정한 대표라는 뜻이다. 포퓰리스트 지도자들은 온갖 개인적 특성을 바탕으로 이런 이미지를 세심하게 구축한다. 그렇지만 그 이미지가 언제나 현실을 반영하는 것은 아니다.

카리스마적 스트롱맨

학술 논쟁에서나 대중 논쟁에서나 포퓰리스트 지도자는 암묵적 또는 명시적으로 카리스마적 스트롱맨으로 규정된다. 라틴아메리카에서 전형적인 포퓰리스트 지도자는 카우디요

(caudillo)라는 총칭으로 불리는데, 라틴어 낱말 카푸트(caput, 머리)를 어근으로 하는 이 용어는 보통 어떠한 직책에도 의존하지 않고 어떠한 제약에도 얽매이지 않는 권력을 행사하는 강한 지도자를 가리킨다. 포퓰리스트 스트롱맨들은 지도자를 남성적이고 잠재적으로 폭력적인 인물로 묘사하는 '지도자 숭배'에 기반해 통치하는 경향을 보인다.

포퓰리즘과 스트롱맨의 연관성은 아르헨티나 대통령 후안 도밍고 페론까지 거슬러올라간다. 페론은 포퓰리스트 카우디요의 원형 격으로, 지금도 많은 이들이 라틴아메리카 포퓰리즘의 화신으로 여기고 있다. 육군 대령에서 민간 정치인으로 변모한 페론은 권위주의 정부와 민주 정부 둘 다에서 대통령으로 재임했다. 포퓰리스트 스트롱맨의 좀더 최근 사례로는 역시 군인에서 민간 정치인으로 변신해 성공한 베네수엘라 전 대통령 우고 차베스가 있다. 라틴아메리카 외부의 스트롱맨들은 대체로 군인 출신이 아니지만 다른 특징들을 공유한다. 이탈리아 전 총리 실비오 베를루스코니, 슬로바키아 전 총리 블라디미르 메치아르, 태국 전 총리 탁신 친나왓 등이 그런 예다.

포퓰리스트 지도자와 스트롱맨 사이에는 밀접한 연관성이 있긴 하지만 이 둘을 하나로 뭉뚱그려서는 안 된다. 실제로 스트롱맨 중 소수만이 포퓰리스트이고, 포퓰리스트 중 소수만

이 스트롱맨이다. 스트롱맨 개념은 흔히 권위주의 정권과 연관된다. 아르헨티나의 후안 마누엘 데 로사스(1793~1877), 멕시코의 포르피리오 디아스(1830~1915), 에스파냐의 프란시스코 프랑코(1892~1975) 같은 지도자들은 학술 문헌에서 스트롱맨의 예로 자주 꼽힌다. 이 지도자들은 모두 절대 권력자로 여길 수 있고, 따라서 결코 민주주의자가 아니다. 그러나 포퓰리즘은 민주주의와 양면적인 관계를 유지하며, 따라서 스트롱맨의 권위주의적 특성은 포퓰리즘에 내재하는 특성이 아니다.

많은 정치 지도자들이 스스로를 강한 지도자로 내세우지만, 포퓰리스트 스트롱맨들은 한 걸음 더 나아가 말보다는 행동을 하는 사람, '전문가'의 조언에도 아랑곳하지 않고 어려운 결정을 서둘러 내리기를 두려워하지 않는 사람이라는 이미지를 만들어낸다. 대개 스스로 조장하는 반지성주의와 위기의식에 의존하는 포퓰리스트는 현상황('위기')이 '대담한 행동'과 '상식적 해법'을 요구한다고 주장할 것이다. 필리핀에서 영화배우에서 정치인으로 변신한 조지프 '에랍' 에스트라다는 '예술을 모방하는 삶'의 사례로서, 하나같이 가난하고 억압받는 사람들을 지키는 영웅이었던 영화 배역들을 바탕으로 자신의 정치적 이미지를 구축하기까지 했다.

이런 스트롱맨 이미지는 포퓰리스트 지도자의 정력에 대

한 강조와 곧잘 결합된다. 일례로 에스트라다는 어느 젊은 여성이 내가 당신의 사생아라고 주장하자 "많은 여성이 나와 아기를 갖고 싶어하기" 때문에 그 주장이 사실일 수도 있다고 말했다. 실비오 베를루스코니만큼 정력가 이미지를 열심히 가꾼 포퓰리스트도 없을 것이다. 적들이 베를루스코니의 유명한 '붕가붕가 파티'를 정치 스캔들로 만들려고 애쓰는 동안, 일 카발리에레(il Cavaliere: '기사'라는 뜻으로 베를루스코니의 별명—옮긴이)는 미디어의 관심을 활용해 자신의 정력을 강조했다. 다만 파티에 참석한 콜걸들에게 성매매 비용을 지불했다는 혐의만은 강하게 부인했다. "정복을 사랑하는 사람에게는 기쁨과 가장 아름다운 만족이 바로 정복에 있어요. 비용을 지불해야 한다면 거기에 무슨 기쁨이 있겠습니까?" 어느 인터뷰에서 그는 이렇게 말했다.

일반적으로 포퓰리스트 지도자들, 특히 스트롱맨들 역시 단순하고 천박하기까지 한 언어, 이른바 '단골 식당(Stammitisch)' 대화라 불리는 언어를 사용한다. 그들은 정치와 정책보다 스포츠와 여자에 대해 이야기하는 '사나이 중의 사나이'를 자처한다. 그리고 성차별적 고정관념을 활용하고 상스러운 언어를 구사함으로써 자신을 '보통남자'와 연관짓는다. 정확히 들어맞는 예로는 이탈리아 우파 포퓰리즘 정당 북부연맹의 전당수 움베르토 보시가 있는데, 그는 문자 그대로 로마(즉 엘리

6. 실비오 베를루스코니는 1990년대와 2000년대에 수차례 이탈리아 총리로 재임한 논쟁적인 포퓰리스트 지도자다. 2007년, 기존의 두 우파 정치조직 전진이탈리아와 국민동맹(Alleanza Nazionale)을 합쳐 새로운 자유민중당(Il Popolo della Liberta)을 창당했다

트)를 향해 가운뎃손가락을 들어 보이면서 "연맹은 발기하고 있다"라고 말해 군중을 흥분시키곤 했다.

포퓰리스트 스트롱맨의 특징 가운데 가장 논쟁이 분분한 특징은 카리스마일 것이다. 독일의 위대한 사회학자 막스 베버(1864~1920)에 따르면, 카리스마적 지도력이란 "비범한 개인의 **천부적 자질**(카리스마)에 의거한 권위, 즉 개인의 계시나 영웅다운 면모, 또는 그 밖에 다른 지도자다운 자질에 대한 전인적인 헌신과 신뢰"를 말한다. 베버는 카리스마적 지도력이 특히 위기의 시기에, 즉 사람들이 권위의 가장 흔한 원천(관습과 법)보다 대개 정치 아웃사이더인 특정 개인의 특성에 의존할 때 큰 성공을 거둘 것이라고 생각했다. 카리스마적 지도력에 관한 베버의 이론은 포퓰리즘 연구에 큰 영향을 주었다―다만 이 사실을 학계에서 언제나 솔직하게 인정하는 것은 아니다.

카리스마에 대한 통속적 이해는 지도자 개인이 지닌 일군의 비범한 자질이라는 것이다. 비범한 자질은 카리스마적 지도자들의 보편적 특징으로 여겨진다. 그렇지만 그 자질이 무엇이냐는 것은 격렬한 논쟁과 혼란을 낳는 주제다. 흔히 '인기 있는'이라거나 '강한' 같은 표현으로 지도자의 카리스마를 포착하고 또 인기를 설명하다보니 결국 동어반복이 되곤 한다. 인기 있는 지도자는 인기가 있다는 이유로 '강한' 지도자로 묘

사하고 인기 없는 지도자는 인기가 없다는 이유로 '약한' 지도
자로 묘사하는 식이다.

베버의 관점에서 보면, 카리스마적 지도력은 지도자와 추
종자들 사이의 특수한 유대에 달려 있으며, 지도자 개인의 특
성 못지않게 추종자들의 기대와 인식에 의해 규정된다. 따라
서 카리스마의 보편적 특징을 찾는 것은 부질없는 일이다. 카
리스마와 카리스마적 개인의 특징은 문화적으로 결정되는 것
이다. 이를테면 스웨덴에서 생각하는 카리스마의 특징은 페
루에서 생각하는 카리스마의 특징과는 다를 것이다.

그럼에도 불구하고, 지지층과 직접적인 유대를 확립한, 아
주 쉽게 확인할 수 있는 카리스마적 포퓰리스트의 사례를 들
수 있다. 가장 뚜렷한 사례는 브라질 전 대통령 콜로르 지 멜
루와 고인이 된 네덜란드 정치인 핌 포르타윈처럼 강한 조직
의 뒷받침이나 분명한 정치철학 없이 민중의 지지를 상당히
얻어낸 포퓰리스트 지도자들이다. 포퓰리스트가 명확한 프로
그램을 가진 잘 조직된 정당의 지도자인 경우에는 지지 이유
가 정당에 충성하기 때문인지, 프로그램에 찬성하기 때문인
지, 아니면 카리스마적 지도자와의 유대 때문인지 확인하기
가 더 어렵다. 포퓰리즘 정당이 선거에서 성공하는 이유로 개
인 지도자의 중요성을 강조하는 논자들은 '르 펜 효과'나 '하
이더 현상' 같은 표현을 만들어냈다. 그렇지만 두 경우에 지도

자의 카리스마는 일시적 효과, 즉 (새로운) 지지자들을 정당의 유권자로 끌어들이는 효과밖에 없었던 것으로 보인다. 그 이후 지지자들은 정당의 조직과 이데올로기에 의해 더 단단한 지지층에 동화되었다. 여러 포퓰리즘 정당이 유달리 충성스러운 지지층, 심지어 지도부가 바뀌더라도 정당을 고수하는 지지층을 보유한다는 사뭇 놀라운 사실을 설명해주는 요인은, 지도자의 카리스마보다는 정당의 이런 동화 방식이다.

일부 학자들은 포퓰리즘 정당이 카리스마적 지도력을 정치 조직 내에서 제도화함으로써 카리스마적 지도자를 넘어 '카리스마적 정당'이 될 수 있다고 주장했다. 그렇지만 기존 조직 구조들의 다양성을 감안하면 포퓰리즘 정당이 그 정의상 카리스마적 정당이라는 것은 지나친 주장일 것이다. 다른 학자들은 카리스마적 지도력의 외부 효과보다 내부 효과에 초점을 맞춰 특정한 포퓰리스트 지도자들이 운동 내부의 핵심 활동가들을 자기편으로 만드는 '파벌 카리스마'를 가지고 있다고 주장했다. 이 파벌 카리스마에 힘입어 '카리스마적' 지도자가 더 폭넓은 운동에서의 내부 분열을 극복할 수 있다는 것이다. 강한 파벌 카리스마를 가진 포퓰리스트 지도자의 예로는 극히 이질적인 극우 집단들의 연합을 혼자 힘으로 결속시킨 국민전선 지도자 장마리 르 펜, 당명을 심각하게 잘못 지은 러시아 자유민주당(Liberal Democratic Party of Russia)의 창립자

이자 지도자 블라디미르 지리놉스키 등이 있다.

민중의 목소리

포퓰리즘 정치가 본질적으로 '순수한 민중' 대 '부패한 엘리트'의 투쟁인데다 국민주권을 기필코 옹호하는 체하는 만큼, 포퓰리스트 지도자에게는 스스로를 민중의 진정한 목소리로 내세우는 것이 극히 중요한 일이다. '민중'과 '엘리트'가 구성물인 것만큼이나 민중의 목소리도 (비록 대체로 현실에 대한 왜곡된 해석에 근거하긴 하지만) 포퓰리스트 지도자의 구성물이다―아이러니하게도 기득권층은 반포퓰리즘 수사를 구사함으로써 은연중 이 구성물을 강화하곤 한다. 이 구성물은 서로 뚜렷이 구분되면서도 연관되는 두 과정을 거쳐 만들어진다. 하나는 엘리트와 분리되는 과정이고, 다른 하나는 민중과 연결되는 과정이다. 앞의 과정은 포퓰리스트 지도자의 아웃사이더 지위와 관련이 있는 반면, 뒤의 과정은 포퓰리스트 지도자가 주장하는 진정성과 관련이 있다.

포퓰리스트 지도자는 추종자들에게 그들이 (부패한) 엘리트에 속하지 않으며 (순수한) 민중의 일부라는 것을 납득시켜야 한다. 이를 위해 포퓰리스트 스트롱맨은 행동과 남성성을 강조하고, 민중의 문화적 고정관념을 활용하고, 전문가의 의

견과 상충되는 '상식적' 해법을 제안한다. 하지만 다른 포퓰리스트 지도자들은 창의력을 더 발휘해야 한다. 이 절에서는 그리 성공할 것 같지 않은 세 부류의 포퓰리스트들이 어떻게 젠더, 직업, 종족을 활용해 스스로를 민중의 목소리로 묘사하는지 살펴보려 한다.

여성

스트롱맨이라는 고정관념이 포퓰리즘에 대한 대중의 인식을 계속 지배하고 있지만, 여성 포퓰리스트 지도자의 사례도 많이 있다. 최초의 유명한 여성 포퓰리스트는 후안 도밍고 페론의 두번째 아내였던 에바 페론(1919~1952)일 텐데, 지금까지도 평범한 아르헨티나인과 유명한 외국인(미국 팝가수 마돈나 같은) 모두 에바에게서 영감을 얻고 있다. 프랑스의 마린 르펜과 태국의 잉락 친나왓 같은 현대의 일부 여성 포퓰리스트들도 포퓰리스트 스트롱맨과 관련이 있다. 그러나 대부분의 여성 포퓰리스트 지도자들은 자력으로 정치 경력을 쌓은 자수성가형이다. 가장 적절한 예는 오스트레일리아에서 일국당을 창당했고 비록 오래가지는 못했지만 정당이 거둔 성공의 주된 요소였던 폴린 핸슨일 것이다. 다른 예로는 덴마크 인민당(Dansk Folkeparti)의 전 당수 피아 키에르스고르, '독일을 위한 대안(Alternative fur Deutschland)'의 당수〔2017년 9월 말에 탈

7. 프랑스 국민전선의 지도자 마린 르 펜이 2011년 파리에서 열린 노동절 행사에서
  잔다르크 조각상 앞에서 연설하고 있다. 이 장소 선정은 결코 우연이 아니었다. 국
  민전선은 프랑스의 국민성을 재규정해 성공을 거둔 극우 포퓰리즘 정당이기 때문
  이다.

당했다—옮긴이) 프라우케 페트리, 노르웨이 진보당의 당수 시 브 옌센, 전 알래스카 주지사인 선동가 세라 페일린 등이 있다.

포퓰리스트 스트롱맨들과 마찬가지로 여성 포퓰리스트 지 도자들도 사회의 성관념을 활용해 민중의 목소리 이미지를 구축한다. 무엇보다 그들은 성별을 활용해 자신을 아웃사이 더로 내세운다. (정치) 엘리트의 절대다수가 남성인 상황에서 여성 포퓰리스트 지도자는 여성이라는 사실만으로도 정치 아 웃사이더 이미지를 강화할 수 있다. 일례로 세라 페일린은 알 래스카와 미국의 정치에서 자신이 '백인 남성 동창생' 인맥에 반대한다는 것을 강조했다. 그 밖에도 사회의 성관념은 여성 포퓰리스트가 스스로를 마지못해 정치를 하는 정치인으로 내 세우는 데 도움이 된다. 정계에 입문할 때 폴린 핸슨은 이렇게 선언했다. "여기에 세련된 정치인으로 온 게 아니라 공평한 몫 의 인생 역경을 겪은 여성으로서 왔습니다."

스스로를 순수한 민중과 연결하기 위해, 많은 여성 포퓰리 스트들이 문화에 의해 규정되는 '좋은 여성'의 특징을 강조하 는 한편 자신을 주로 어머니 또는 아내로 내세우곤 한다. 이렇 게 하는 것은 자신을 '진정성 있는' 사람으로 보이게 하고 기 득권층에게 무시당한다고 느끼는 유권자들과의 유대를 형성 하는 데 도움이 된다. 세라 페일린은 더 흔하게 쓰이는 표현인 '축구 맘'을 알래스카에 맞게 바꾼 '하키 맘'뿐 아니라 자식을 사납게 보호하는 어머니에 대한 성적 고정관념에서 착안한 '엄마 회색곰'이라는 표현까지 만들어냈다. 폴린 핸슨은 민족주의와 포퓰리즘을 자신에게 특히 유리한 젠더화된 방식으로 섞어서 이렇게 말했다. "제가 이 나라를 얼마나 격하게 아끼는지 마치 제가 나라의 어머니 같고, 오스트레일리아가 저의 집 같고, 오스트레일리아 사람들이 저의 자식 같습니다."

기업가

꽤 흔하지만 대체로 무시되는 또다른 포퓰리스트 지도자 유형은 기업가다. 가장 유명한 포퓰리스트 중 일부는 '보통사람들의 목소리'가 되기 전에 전국에서 가장 부유한 축에 드는 성공한 사업가였다. 〈포브스〉는 2015년 친나왓 가문의 자산을 태국 부자 가문 10위에 해당하는 16억 달러로 추산했고, 베를루스코니 가문의 자산은 이탈리아 6위에 해당하는 무려 78억 달러로 평가했다. 1992년 미국 대통령 선거에서 거의 20퍼센트를 득표한 포퓰리스트 후보 로스 페로의 자산은 2015년에 대략 37억 달러로 평가되었는데, 이는 같은 해 미국 부자 155위에 오를 수 있는 액수였다.

포퓰리즘이 기득권층에 대한 정면공격에 기반하므로, '기업가-포퓰리스트' 조합을 언제나 납득시키기 쉬운 것은 아니다. 그러나 민중과 엘리트를 나누는 포퓰리즘의 이분법이 근본적으로 계급이나 재산 같은 사회경제적 기준보다는 도덕성에 근거하는 까닭에, 기업가-포퓰리스트들은 사업감각을 발휘해 **정치** 아웃사이더의 입지를 구축할 수 있다. 그들은 부패한 정치인들 덕분이 아니라 정치인들의 부패에도 **불구하고** 재산을 모은 정직하고 자수성가한 사업가로 자신을 내세운다! 더 나아가 기업가-포퓰리스트들은 직업정치인과 달리 자신은 마지못해 정치인이 되었다고, 금전상 이익을 위해 정계에 입문한 것이 아니라고 주장한다. 언제나처럼 화려한 언변으로 베를루스코니는 이렇게 말했다. "내게는 권력욕에 사로잡혀 정권을 장악할 필요성이 없습니다. 내게는 세계 곳곳에 저택과 보트…… 멋진 비행기가 있고, 아름다운 아내와 가족이 있습니다.…… 나는 희생을 하고 있습니다."

기업가-포퓰리스트들이 민중과 연결되는 것은 일견 불가능해 보일 것이다. 어쨌거나 그들의 일상은 그들이 대변한다고 주장하는 '보통사람'의 일상과 완전히 동떨어져 있다. 평균적인 이탈리아인은 전면 개보수된 17세기 대저택 빌라 게르네토(실비오 베를루스코니 소유)에서 살지 못하고, 평균적인 미국인은 텍사스주 댈러스의 페로 자연사 박물관(로스 페로가 기부한 5000만 달러 덕분에 설립)처럼 자기 이름을 기리는 박물관을 갖지 못한다. 그렇지만 기업가-포퓰리스트들은 흔히 재산을 활용해 '민중'과 연결되고 예컨대 스포츠를 통해 진정성이 있다는 느낌을 준다. 가장 유명한 예로는 베를루스코니가 이탈리아와 세계에서 가장 인기 있는 축구팀 중 하나인 AC 밀란을 인수했던 일과 탁신이 짧게나마 맨체스터 시티를 보유했던 일이 있다. 이에 더해 기업가-포퓰리스트들은 자국 내 주요 축구팀의 구단주를 맡아왔다. 실례로는 콩고민주공화국 TP 마젬베의 모이스 카툼비, 프랑스 올림피크 드 마르세유의 베르나르 타피, 루마니아 스테아우아 부쿠레슈티의 지지 베칼리, 그리고 에스파냐 클럽 아틀레티코 데 마드리드의 작고한 헤수스 힐 이 힐 등이 있다.

종족적 지도자들

종족과 포퓰리즘의 관계는 여러 서술에서 묘사하는 것보다 훨씬 더 복잡하다. 특히 유럽에서는 종족과 포퓰리즘이 곧잘 융합되는데, 이는 권위주의, 토착주의, 포퓰리즘을 결합시키는 극우 포퓰리즘 정당들이 우세한 데 따른 직접적인 결과다. 반면에 라틴아메리카에서는 **종족포퓰리즘**이라는 용어가 포퓰리즘의 특정한 유형, 그중에서도 원주민에 의한 동원과 관련된 유형을 가리킨다. 두 유형의 포퓰리즘 모두 진정성을 입증하기 위해 종족을 사용하지만, 서로 근본적으로 다른 방식으로 사용한다. 유럽의 극우 포퓰리스트에게 종족은 민중과 엘리트를 나누는 포퓰리즘적 이분법의 일부가 아니라(민중과 엘리트 모두 같은 종족 집단에 속한다) '토착민'과 '외국인'을 나누는 토착주의적 이분법의 일부다('외국인'은 민중에도 엘리트에도 속하지 못하는 부류로 간주된다). 반면에 라틴아메리카 종족포퓰리즘의 경우에 민족은 하나의 다문화적 단위로 규정되고, 민족 안에서 민중과 엘리트는 도덕성과 종족 둘 다에 따라 나뉜다.

에보 모랄레스와 그의 사회주의운동당은 종족포퓰리즘의 원형적 사례다. 원주민 다수집단이 체계적으로 차별당해온 볼리비아에서 모랄레스는 원주민 혈통 가운데 처음으로 대통령이 되었다. 그는 종족을 자신이 엘리트와 별개(아웃사이더)이자 보통사람들과 연결되어 있다(진정성)는 것을 입증하는 증거로 자주 사용했다. 예를 들어 그 자신은 아메리카 대륙에서 4만 년간 거주해온 사람들의 후손인 반면, 엘리트 대다수는 훨씬 나중에 이주해온 유럽인의 후손이라고 주장한다. 더욱이 모랄레스는 자신의 종족에 근거해 진정성을 주장하곤 하는데, 볼리비아 2대 원주민 집단 중 하나인 아이마라족의 일원이기 때문이다. 그의 가장 유명한 발언 중 하나는 이렇다. "우리 인디오들은 라틴아메리카의 도덕 보호구역입니다." 그렇지만 유럽의 종족적 포퓰리스트들과 달리 모랄레스와 사회주의운동당은 배타적이지 않다. 실제로 사회주의운동당은 아이마라족과 케추아족—볼리비아의 2대 원주민 집단—뿐 아니라 메스티소와 백인에게도 다가간다. 언젠가 모랄레스가 힘주어 말한 대로, "가장 중요한 점은 원주민이 본성상 보복하는 이들이 아니라는 것입니다. 우리는 아무나 억압하려고 여기 있는 것이 아닙니다. 정의와 평등으로 볼리비아를 결속시키고 건설하기 위해 있는 것입니다."

하지만 포퓰리스트 지도자라고 해서 꼭 다수 종족의 일원이어야 하는 것은 아니다. 앞서 봤듯이 후지모리는 페루에서 소수집단인 일본인에 속하면서도 가장 인기 있는 정치인 중 한 명이 되었다. 엘리트층이 주로 유럽계인 페루의 뚜렷이 인종화된 사회에서 후지모리의 소수종족 지위는 보통사람들과 연결되는 데 도움이 되었다. 같은 비유럽계 페루인으로서 후지모리는 배제된 사람들의 범주에 포함되었다. 더욱이 소수종족에 속한다는 사실은 변변찮은 출신으로서 기득권층과의 연줄이 아니라 개인의 재능 덕분에 부상한 정치 아웃사이더라는 이미지를 만들어내는 데 도움이 되었다. 이 이미지는 후지모리의 주요 경쟁자인 유명 작가 마리오 바르가스 요사가 유럽계 백인이라는 사실 때문에 더욱 강화되었다.

인사이더-아웃사이더

정치 기득권층과 아무런 공통점도 없는 정치 아웃사이더를 표방하려는 노력의 일환으로, 포퓰리스트 지도자들은 자신이 정치 신인이라고 주장하곤 한다. 이 주장은 이전 정부의 인기 없는 정책과 정치인들이 전반적으로 부패하고 무능하다는 인식으로부터 거리를 두는 데 도움이 된다. 또 이 주장은 주류 직업정치인들과 대비되는 유리한 이미지, 즉 마지못해 정치하는 사람이라는 이미지에도 들어맞는다. 포퓰리스트들은 개인의 야심이 아니라 더 숭고한 소명, 정치를 민중에게 돌려준다는 소명을 위해 정치에 관여한다는 점에서 자신은 정치를 직업으로 삼는 '정치계급'(포퓰리스트들이 즐겨 쓰는 용어)과 극명하게 대비된다고 주장한다. 그러나 사실 대부분의 포퓰리스트 지도자들은 그들이 비판하는 국가 엘리트층의 일원이다. 대개 그들은 정치 엘리트층과 동일한 사회통계학적 계층에 속한다. 다시 말해 다수종족에 속하고 고등교육을 받은 중상층 중년 남성들이다. 그리고 그들의 태반은 오랫동안 정계에서 활동한 경력이 있다.

예를 들어 그리스 총리 알렉시스 치프라스는 그리스 공산당 청년단의 일원으로 출발했고, 콜로르 지 멜루는 브라질 대통령이 되기 전에 여러 정당에서 공천받은 바 있었다. 이와 비슷하게 헤이르트 빌더르스는 자신의 1인 정당인 자유당을 창당하기 전에 보수적인 자유민주국민당(Volkspartij voor Vrijheid en Democratie)에서 외교정책을 담당하는 영향력 있는 평의

원이었다. 몇몇은 스스로를 포퓰리스트 아웃사이더로 새롭게 내세우기 전에 정부에서 직책을 맡기까지 했다. 예컨대 라파엘 코레아는 에콰도르 알프레도 팔라시오 정부에서 재무장관이었고, 조지프 에스트라다는 필리핀 피델 V. 라모스 대통령 임기에 부통령으로 재임했으며, 노무현은 남한 김대중 대통령 정부에서 해양수산부 장관이었다.

다른 포퓰리스트들은 가문 인맥을 통해 정치인이 되었고 개중 일부는 문자 그대로 포퓰리즘 정당 안에서 자랐다. 전부는 아니지만 유명한 여성 포퓰리스트 중 상당수가 이런 경우다. 이사벨 페론은 후안 도밍고 페론의 사망 전 배우자였고, 마린 르 펜과 게이코 후지모리는 각각 장마리 르 펜과 알베르토 후지모리의 딸이며, 우르줄라 하우프너(단기간 오스트리아 자유당의 대표를 지냈다)와 잉락 친나왓은 각각 외르크 하이더의 누나, 탁신 친나왓의 여동생이다. 이들 모두 포퓰리스트 지도자 자리를 '물려받았다'. 물론 포퓰리스트와 여성만이 지도자 자리를 물려받는 것은 아니다. 남아시아의 많은 여성 비포퓰리스트 지도자들도 아버지(예컨대 베나지르 부토)나 남편(예컨대 소냐 간디)에게서 자리를 '물려받았고', 서구의 많은 남성 정치인들도 마찬가지다(예컨대 벨기에 총리 샤를 미셸과 미국 전 대통령 조지 W. 부시).

전반적으로 보아 포퓰리스트들은 아웃사이더, 인사이더—

아웃사이더, 인사이더 이렇게 세 유형으로 구분할 수 있다.
진짜 아웃사이더는 매우 드물다. 진짜 아웃사이더는 폭넓게
정의한 엘리트층—즉 문화 엘리트와 경제 엘리트를 포함하
는—과의 중요한 인맥이 전혀 없고, 정계 주류 밖에서만 경력
을 쌓는다. 얼마 없는 유명한 포퓰리스트 아웃사이더의 사례
로는 우고 차베스와 알베르토 후지모리가 있다. 차베스는 베
네수엘라군에서 비교적 계급이 낮은 장교였고 1992년 쿠데
타에 실패하고서야 전국적 악명을 얻었다. 후지모리는 대통
령에 처음 출마하기 전까지 정계 인맥이 없는 학자요 대학 총
장이었다. 진짜 아웃사이더들은 서유럽의 정당 우위 의회제
처럼 더 제도화되고 굳건히 자리잡은 정치체제보다는 라틴아
메리카의 대통령제처럼 더 사인화되고 유동적인 정치체제에
서 성공할 공산이 더 클 것이다.

　실제로 성공한 포퓰리스트들은 거의 모두 인사이더-아웃
사이더다. 다시 말해 정치 엘리트, 즉 정치체제의 핵심 집단
에 속했던 적은 없지만 그들과 닿는 (강한) 연줄을 가진 사람
들이다. 오스트리아 자유당 당수 외르크 하이더는 오랫동안
(1970~1983) 오스트리아 총리를 지낸 브루노 크라이스키의
제자였고, 장기간 공화당 상원의원을 역임한 존 매케인은 세
라 페일린을 전국 무대로 끌어올렸다. 이와 비슷하게 베를루
스코니는 이탈리아 사회당 당수(1976~1993)와 이탈리아 총

리(1983~1987)를 지낸 베티노 크락시와의 특별한 친분을 통해 미디어 제국을 건설했다. 공산주의 이후 1990년대 동유럽에서 가장 두각을 나타낸 포퓰리스트들은 지난날 공산당 정권과의 관계가 긴밀했다. 예컨대 극우 포퓰리즘당인 대루마니아당(Partidul Romania Mare)의 작고한 당수 코르넬리우 바딤 투도르는 공산주의 독재자 니콜라에 차우셰스쿠의 '법정시인(詩人)'이었으며, 블라디미르 지리놉스키는 소련에서 최초로 공식 인가받은 '야당'을 설립했다. 아이러니하게도 성공하는 포퓰리스트와 성공하지 못하는 포퓰리스트를 가르는 요소는 대개 이런 (이전) 엘리트와의 연줄이다.

마지막으로 소규모 인사이더 포퓰리스트 집단, 즉 정치 엘리트 심장부 출신인 포퓰리스트들이 있다. 그중 일부는 포퓰리스트 정치인으로 제2의 경력을 시작하기 전에 주류 정당에서 고위직을 맡은 경험이 있다. 두말할 나위 없이 가장 적절한 예는 자신의 포퓰리즘당을 발족하고 총리가 되기 전에 두 차례 부총리를 역임한 탁신 친나왓이다. 자신만 포퓰리스트가 되는 게 아니라 당까지 포퓰리즘당으로 바꾸는 지도자들도 있다. 스위스에서 크리스토프 블로허는 보수적인 스위스 인민당을 서유럽에서 가장 성공한 극우 포퓰리즘당으로 바꾸었고, 헝가리에서 오르반 빅토르는 초기에 자유지상주의적 성격이었던 청년민주동맹을 먼저 보수주의 정당으로, 이후 극우 포퓰리즘 정당으로 뜯어고쳤다.

인사이더와 아웃사이더의 경계는 포퓰리스트 지도자가 선거에서 승리하고 장기간 집권할 경우 흐릿해진다. 이 경우 포퓰리스트 지도자는 필연적으로 정치 기득권층(아울러 대개 경제 기득권층)의 일부가 된다. 이 과정을 보여주는 사례로 베네수엘라의 차베스주의보다 더 나은 것은 없다. '볼리바르 혁명'(라틴아메리카의 독립 영웅 시몬 볼리바르의 이념을 바탕으로 우고 차베스가 주창한 정치 이념 ― 옮긴이)으로 집권한 15년 동안 엘리트층이 거의 완전히 교체되고 이른바 볼리부르주아지(Boliburguesia)라는 새로운 통치계급이 등장했다. 그 과정에서 차베스의 지위마저 바뀌었다. 10년 넘게 집권하는 동안 차베스는 1999년 대통령 선거의 진정한 아웃사이더에서 2013년 선거의 진짜 인사이더로 탈바꿈했다.

인사이더와 아웃사이더의 경계가 때로 흐릿한 것과 마찬가지로, 포퓰리스트 정치인과 비포퓰리스트 정치인의 차이가 언제나 확연하게 드러나는 것은 아니다. 오스트레일리아 총리 토니 애벗과 미국 대통령 로널드 레이건을 포함해 일부 유명한 주류 정치인들은 이따금 포퓰리즘적 수사를 구사했다. 실제로 논평가들은 이런 유형의 정치인들과 관련해 **인사이더 포퓰리즘**이라는 표현을 쓰곤 한다. 그렇지만 이런 정치인들도 그 정당들도 진정으로 포퓰리즘적인 것은 아니었다. 포퓰리즘이 그들 이데올로기의 핵심 특징이 아니었기 때문이다. 이 인사이더들은 다른 주류 정치인들과 자신을 구별짓고 진정성 있는 사람으로 비치도록 하기 위해 포퓰리즘적 수사를 그저 **사용**했을 뿐이다. 주류 정치인들이 포퓰리즘 담론을 대체로 선거운동 기간에 구사하다가 집권 기간에 외면하는 것은 우연이 아니다.

포퓰리스트 이미지

사인화(私人化)는 현대 정치의 전반적 추세이며 포퓰리즘도 분명 이 통칙에서 예외가 아니다. 성공한 포퓰리즘 사례들을 보면 동원 유형을 불문하고 대부분 강한 지도자를 동반한다. 그러나 포퓰리즘은 특정 유형의 지도자에 의해 규정되는 것도 아니고, 그런 지도자와 반드시 한 쌍을 이루는 것도 아니다. 전형적인 포퓰리스트 스트롱맨은 전체 포퓰리스트 지도자들(포퓰리스트의 숙주 이데올로기가 무엇이든) 가운데 소수에 지나지 않는다. 더욱이 포퓰리스트 지도자의 성공 여부는 개개인의 특성을 취합한 전반적인 목록보다는 아웃사이더 지위와 진정성의 결합을 바탕으로 세심하게 구축한 민중의 목소리 이미지에 달려 있다.

특정한 민중의 목소리 이미지의 매력은 포퓰리스트 지도자가 활동하는 사회의 정치문화와 관련이 있다. 예를 들어 전형적인 포퓰리스트 스트롱맨은 더 전통적이고 마초적인 사회에서 매력을 발휘할 공산이 크고, 기업가-포퓰리스트는 더 자본주의적이고 물질주의적인 사회에서 매력적으로 받아들여질 것이다. 정치문화는 여성 포퓰리스트 지도자에게 유달리 흥미로운 영향을 끼친다. 분명 모든 사회가 젠더화되지만 언제나 같은 방식으로 젠더화되는 것은 아니다. 여성 포퓰리스트는 전통에 얽매이지 않는 사회에서도 전통적인 사회에서도 성공할 수 있지만, 두 곳에서 각기 성공하는 방식은 서로 다르다. 전통적인 사회는 지위를 물려받은 여성(그리고 남성) 포퓰리스트를 선호할 테고, 전통에 얽매이지 않는 사회는 자수성가한 여성에게(도) 열려 있을 것이다.

민중의 목소리 이미지를 구축하는 일은 포퓰리스트 지도자의 숙주 이데올로기와도 관련이 있다. 예컨대 기업가 이미지는 사회주의적 포퓰리즘보다 신자유주의적 포퓰리즘과 훨씬 쉽게 결합되며, 소수종족 출신은 극우 포퓰리즘 운동보다 종족포퓰리즘 운동에서 한결 쉽게 지도자가 될 수 있다. 이와 비슷하게 여성 지도자는 좌파 포퓰리즘당보다 우파 포퓰리즘당에서 더 전통적인 이미지를 구축할 것이다. 그렇지만 대다수 포퓰리스트 지도자들은 자신이 맹렬히 규탄하는 엘리트층과 오랫동안 가까운 관계였음을 감추기 위해 무엇보다도 정치 아웃사이더 이미지를 구축하는 데 열중한다. 따라서 폴 태가트의 의견에 말을 보태자면, 포퓰리즘은 **평범한 이력을 쌓아가는 비범한 지도자들의 보통사람들을 위한 정치**로 여길 수 있다.

제 5 장

포풀리즘과
민주주의

포퓰리즘과 민주주의의 관계는 언제나 격렬한 논쟁의 주제였다. 의견 일치를 본 상황과 거리가 멀긴 하지만, 과하지 않게 정리하자면 관례적 입장은 포퓰리즘이 민주주의에 내재하는 위험이라는 것이다. 근래에 이 입장을 옹호한 가장 유명한 사람은 포퓰리즘을 "대의민주주의의 이상과 절차의 일그러진 도착(倒錯)"으로 여겨야 한다고 주장한 프랑스 지식인 피에르 로장발롱일 것이다. 하지만 이에 반대하는 목소리들이 줄곧 있었고, 그중 일부는 포퓰리즘이야말로 민주주의의 유일하고 참된 형태라고 선언하기까지 했다. 최근 옹호자 중에서 라클라우는 포퓰리즘이야말로 배제당한 사람들의 요구를 결집해 '민주주의의 민주화'를 촉진한다고 생각했다.

두 해석 모두 어느 정도 옳다. 선거권과 환경에 따라 포퓰리즘은 민주주의에 내한 위협과 교정책 중 어느 쪽이든 될 수 있다. 이는 포퓰리즘이 그 자체로는 민주주의 체제에 좋지도 나쁘지도 않다는 뜻이다. 자유주의나 민족주의, 사회주의 같은 다른 이데올로기들과 마찬가지로, 포퓰리즘은 민주주의에 긍정적인 영향을 줄 수도 있고 부정적인 영향을 줄 수도 있다. 이 복잡한 관계에 대한 이해를 돕기 위해 먼저 분명한 민주주의 정의를 제시하여 포퓰리즘 세력이 민주주의에 어떻게 긍정적인 영향과 부정적인 영향을 끼치는지 밝히겠다. 그런 다음 포퓰리즘이 상이한 정치체제들에 끼치는 영향에 대한 독창적인 이론적 틀을 제시하겠다. 그리고 그 틀에 근거해 포퓰리즘이 민주화와 탈민주화 과정의 여러 단계에 끼치는 주요한 영향들을 구별할 것이다.

포퓰리즘과 (자유)민주주의

포퓰리즘과 마찬가지로 민주주의는 학계에서나 공적 공간에서나 논쟁이 분분한 개념이다. 민주주의의 올바른 정의뿐 아니라 다양한 유형도 논쟁거리다. 비록 이 논쟁에 깊숙이 관여할 만한 자리가 아니긴 하지만, 민주주의와 포퓰리즘의 복잡한 관계를 논하려면 먼저 우리가 이해하는 민주주의를 명확히 해둘 필요가 있다.

민주주의에 대한 (수식어가 붙지 않는) 가장 적절한 정의는 국민주권과 다수결의 결합이라는 것이다. 민주주의는 이 정의 이상도 이하도 아니다. 따라서 직접민주주의와 간접민주주의, 자유민주주의와 비자유민주주의 모두 가능하다. 실제로 **민주주의**라는 용어의 어원 자체가 민중의 자치라는 관념, 즉 민중이 통치하는 정치체제를 가리킨다. 대부분의 '최소' 정의들이 민주주의를 무엇보다 경쟁 선거를 통해 통치자를 선출하는 **방법**으로 여긴다는 것은 우연이 아니다. 따라서 자유롭고 공정한 선거는 민주주의를 규정하는 속성에 해당한다. 민주주의 체제에서 민중은 통치자를 폭력적 분쟁을 통해 교체하지 않고 오히려 다수결로 선출해야 한다는 데 동의한다.

그렇지만 대부분의 일상 용법에서 **민주주의**는 실제로 민주주의 자체보다는 **자유**민주주의를 가리킨다. (수식어가 붙지 않는) 민주주의와 자유민주주의의 주된 차이점은 후자가 국민주권과 다수결을 존중할 뿐 아니라, 표현의 자유와 소수자 보호 같은 기본권을 보호하는 데 특화된 독립 기관들까지 수립하는 정치체제를 가리킨다는 것이다. 기본권 보호에 관한 한 만능 해결책은 없으며, 그 결과로 자유민주주의 체제들은 서로 크게 다른 제도 설계안들을 채택해왔다. 예를 들어 일부 국가(미국)는 견고한 성문법과 대법원을 두고 있는 반면에 다른 일부 국가(영국)는 둘 다 두고 있지 않다. 이런 차이점에도 불구하고 **모든** 자유민주주의 국가는 기본권 보호를 위해 '다수의 폭정'을 미연에 막는 제도를 갖추고 있다는 공통된 특징이 있다.

이 해석은 작고한 미국 정치학자 로버트 달이 제시한 해석에 아주 가깝다. 달은 자유민주주의 체제들이 서로 구별되는 두 가지 독립적인 차원, 즉 공적 경쟁과 정치 참여를 중심으로 구성된다고 주장했다. 전자는 선호를 자유롭게 표명하고 정부에 반대할 가능성을 가리키며, 후자는 정치체제에 참여할 권리를 가리킨다. 여기에 더해 달은 두 차원을 최적화하려면 표현의 자유, 투표권, 공직 피선거권, 대안적 정보원(源) 등을 포함하는 일군의 엄격한 제도적 보장책들이 필요하다고 생각했다.

민주주의와 자유민주주의에 대한 분명한 정의를 얻었으니 이제 포퓰리즘이 이것들에 어떤 영향을 주는지 고찰할 차례다. 간단히 말해 포퓰리즘은 본질적으로 민주적이면서도 현대 세계에서 지배적 모델인 **자유민주주의**와 충돌한다. 포퓰리즘은 그 무엇도 '(순수한) 민중의 의지'를 제약해서는 안 된다고 생각하고 다원주의에 근본적으로 반대하며, 따라서 소수자의 권리는 물론이고 그 권리를 보호하는 '제도적 보장책'에도 반대한다.

실제로 포퓰리스트들은 자유민주주의 모델에서 생득권인 기본권을 보호하는 독립 기관들을 비판하면서 국민주권 원리를 들먹이곤 한다. 가장 자주 표적이 되는 기관은 사법부와 미디어다. 예컨대 수십 년간 법정을 들락거린 베를루스코니는 판사들이 공산주의자의 이해관계를 옹호한다고 공격하곤 했다(그리고 이런 이유로 판사를 가리켜 '붉은 법복'이라 불렀다). 순전히 포퓰리스트의 방식으로 그는 언젠가 이렇게 말했다. "정부는 계속 일할 테고, 의회는 시민들에 의해 선출된 누군가를 판사가 위법하게 무너뜨리려 시도할 수 없도록 보장하는 데 필요한 개혁을 시행할 것이다." 예상대로 권력을 잡은 포퓰리스트들은 국영 미디어를 정부의 대변인으로 바꾸고 얼마 남지 않은 독립 언론사들을 폐쇄하고 괴롭혀 미디어 지형을 뜯어고치곤 했다. 최근에 에콰도르, 헝가리, 베네수엘라에서 이런 일이 있었다.

포퓰리즘은 자유민주주의에 내재하는 긴장, 즉 다수결 원리와 소수자 권리 사이에서 조화롭게 균형을 잡으려다 생기는 긴장을 활용한다. 현실 세계에서 이렇게 균형을 잡기란 거의 불가능한데, 중요한 쟁점에서 다수결 원리와 소수자 권리가 중첩되기 때문이다(차별금지법을 생각해보라). 포퓰리스트들은 다수결 원리를 위반하는 것은 곧 민주주의 개념 자체를 저버리는 것이라고 비판하는 한편, 궁극적인 정치적 권위는

'민중'에게 있지 선출되지 않은 기구에 있지 않다고 주장할 것이다. 요컨대 포퓰리즘은 통제자를 누가 통제하느냐는 문제를 제기한다. 포퓰리즘은 민중의 권력을 제한하는 그 어떤 비선출 기관이라도 불신하는 경향이 있는 까닭에 민주적 극단주의의 형태로, 좀더 좋게 말하자면 비자유민주주의의 형태로 나아갈 수 있다.

　이론상 포퓰리즘은 공적 경쟁의 측면에서는 민주주의에 부정적인 영향을 주고 정치 참여의 측면에서는 민주주의에 긍정적인 영향을 준다. 다른 한편, 포퓰리즘은 경쟁의 범위를 제한하는 경향이 있는데, 부도덕하다고 평가받는 행위자는 선거전을 치러서도 안 되고 미디어에 접근해서도 안 된다고 주장하기 일쑤이기 때문이다. 포퓰리즘을 가리켜 '피해망상적 정치 스타일'이라 한다면 지나친 발언일 테지만, 포퓰리즘 세력은 몹시 격앙된 수사와 음모론을 곧잘 사용한다. 예를 들어 그리스 급진좌파연합 소속 정치인들은 국내 정적들을 가리켜 독일의 '제5열'〔적과 내통하는 집단이라는 뜻—옮긴이〕이라 부르곤 했고, 어느 (전직) 장관은 유럽연합의 '테러리스트들'이라고까지 불렀다. 상당수 시민이 음모론에 매료되는 나라인 미국에서 많은 우파 포퓰리스트들은 민주당과 공화당의 엘리트들이 '새로운 세계 정부'를 세워 미국을 국제연합의 통제 아래 두기 위해 공조한다고 확신하고 있다.

한편, 포퓰리즘은 대체로 정치 참여를 촉진한다. 정치 기득 권층이 자신들의 관심사를 고려하지 않는다고 느끼는 사회 집단을 동원하는 데 기여하기 때문이다. 민중이 주권자라는 핵심 신념에 따라 포퓰리즘은 **모든** 민중이, 그리고 **오로지** 민중 만이 정치를 결정해야 한다고 주장한다. 유럽의 극우 포퓰리 즘 같은 포퓰리즘의 특수한 형태들이 특정한 소수집단을 배 제하는 식으로 정치 참여를 제한하려 들 수도 있다는 점은 지 적할 필요가 있다. 그러나 이런 집단은 **토착민**에서 배제되는 것이지 **순수한** 민중에서 배제되는 것이 아니다. 바꾸어 말하 면, 그런 배제는 포퓰리즘이 아니라 토착주의에 근거해 이루 어지는 것이다.

요약하면, 포퓰리즘은 자유민주주의에 긍정적인 역할과 부 정적인 역할 둘 다 할 수 있다. 예컨대 포퓰리즘은 엘리트층에 의해 대표된다고 느끼지 못하는 유권자들의 목소리를 표현함 으로써 민주적 교정책으로 작용한다. 이를 위해 포퓰리스트 들이 자주 쓰는 방법은 엘리트층이 논의하지 않지만 '침묵하 는 다수'가 유의미하다고 생각하는 쟁점들을 정치화하는 것 이다. 실제로 1990년대 유럽에 극우 포퓰리즘 정당들이 없었 다면 주류 정당들은 이민을 중요한 문제로 여기지 않았을 것 이다. 현대 라틴아메리카에서 배제된 집단들을 경제적·정치 적으로 통합시키는 문제도 마찬가지다. 이 쟁점이 지난 10년

긍정적인 영향	부정적인 영향
포퓰리즘은 정치 엘리트층에 의해 대표되지 못한다고 느끼는 집단들에게 발언권을 줄 수 있다.	포퓰리즘은 다수결 개념과 관례를 활용해 소수자의 권리를 우회할 수 있다.
포퓰리즘은 사회에서 배제된 부문들을 동원해 정치체제에 좀더 통합시킬 수 있다.	포퓰리즘은 국민주권 개념과 관례를 활용해 기본권 보호에 특화된 제도를 약화시킬 수 있다.
포퓰리즘은 사회에서 배제된 부문들이 선호하는 정책의 실행을 촉진함으로써 정치체제의 응답성을 높일 수 있다.	포퓰리즘은 새로운 정치적 분열을 조장해 안정적인 정치 연합의 형성을 방해할 수 있다.
포퓰리즘은 쟁점과 정책을 정치영역의 일부로 만들어 민주적 책임성을 강화할 수 있다.	포퓰리즘은 합의에 이르기가 불가능하진 않더라도 극히 어려워지는 정치의 도덕화로 귀결될 수 있다.

표 1. 포퓰리즘이 자유민주주의에 끼치는 긍정적인 영향과 부정적인 영향

간 가장 긴급한 문제 중 하나가 된 것은 대체로 보아 베네수엘라의 차베스와 볼리비아의 모랄레스 같은 좌파 대통령들이 부상해 자국의 극적인 불평등 수준을 정치 쟁점화하는 데 성공했기 때문이다.

그러나 포퓰리즘은 자유민주주의에 부정적인 영향을 줄 수도 있다. 예컨대 포퓰리즘 세력은 다수결을 제한할 권리를 가진 기관이 전무하다고 주장함으로써 결국 소수집단을 공격하고 또 기본권 보호에 특화된 제도를 약화시킬 수 있다. 실제로 이것이 유럽에서 극우 포퓰리즘 정당들이 자유민주주의에 가하는 주된 위협이다. 그들은 종족정치—국가가 단일한 종족 공동체에 속하는 민주주의 모델—를 구현하기 위해 서유럽의 무슬림이나 동유럽의 집시 같은 종족·종교 소수집단의 권리를 약화시킨다.

이와 비슷한 일이 현대 라틴아메리카에서도 일어나고 있다. 이곳에서 좌파 포퓰리즘 세력은 새 헌법을 기초하는 방법으로 정치권력을 놓고 정부와 경쟁하는 야당의 능력에 심각한 타격을 입혔다. 예컨대 현대 에콰도르에서 코레아 대통령은 헌법을 개정하여 충직한 지지자들을 선거법원이나 사법부 같은 국가의 핵심 기관들에 들여앉혔을 뿐 아니라 자신의 정당에 유리한 선거구와 선거 규칙을 새로 만들기까지 했다. 거의 똑같은 과정이 최근 헝가리에서도 진행되었다.

8. 베네수엘라 볼리바르주의 정부는 1999년부터 2013년까지 베네수엘라 대통령을 지낸 포퓰리스트 지도자 우고 차베스가 죽은 뒤 이 우표를 발행했다. 대통령 띠를 두른 차베스 뒤로 지지자들이 집결해 있다.

포퓰리즘과 민주화 / 탈민주화 과정

기존 자유민주주의 국가들에서 포퓰리즘의 역할에 대한 논쟁이 활발하게 계속되고는 있지만, 포퓰리즘 세력이 다른 정치체제에, 그리고 민주주의를 강화시키거나 약화시키는 잠재적 이행 과정에 끼치는 영향에는 거의 아무런 관심도 쏟지 않고 있다. 포퓰리즘은 (경쟁적) 권위주의 체제에, 또는 민주주의 쪽으로 변해가는 과정에 어떤 영향을 주는가? 이 맹점을 조명할 필요가 있다.

민주주의는 언제나 불완전하며 어느 때고 악화되거나 개선될 수 있다. 그러므로 (자유)민주주의 **체제**만이 아니라 민주화 (그리고 탈민주화) **과정**까지 생각하는 것이 중요하다. '전형적인' 민주화 경로 따위는 없지만, 민주화 또는 탈민주화로 나아가는 동향의 여러 단계를 인식하는 것은 가능하다. 각 단계는 한 정치체제에서 다른 정치체제로의 이행을 나타내며, 우리는 포퓰리즘이 각 단계마다 서로 다른 영향을 준다고 본다. 먼저 현대 세계에서 가장 흔한 네 가지 정치체제를 설명하겠다.

우리는 권위주의 진영과 민주주의 진영 각각을 다시 두 체제로 구별한다. 한편에는 완전 권위주의와 경쟁적 권위주의가 있고, 다른 한편에는 선거민주주의와 자유민주주의가 있다. 완전 권위주의 체제에는 정치 반대파를 위한 공간이 없고 체계적인 억압이 있는 반면, 경쟁적 권위주의 체제는 집권층

민주화 과정

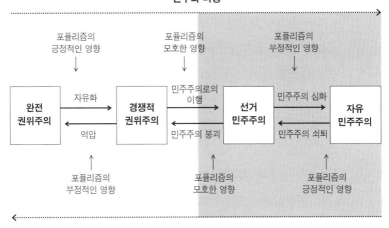

탈민주화 과정

9. 포퓰리즘은 정치체제별로 긍정적인 영향을 주기도 하고 부정적인 영향을 주기도 한다. 실제로 포퓰리즘 세력이 각 단계에서 촉발하는 제도 변화는 민주화로 이어질 수도 있고 탈민주화로 이어질 수도 있다.

에 유리하고 반대파에 불리하게 기울어진 정치적 운동장에서나마 제한된 경쟁을 허용한다. 경쟁적 권위주의 체제는 반대파의 존재를 용인하고 선거를 실시하지만, 선거 과정에서 재임자에게 유리하도록 체계적으로 부정을 자행한다.

선거민주주의의 특징은 반대파가 승리할 가능성이 있는 선거를 주기적으로 실시한다는 것이다. 그럼에도 선거민주주의에는 여러 가지 제도적 결함이 있다. 이를테면 준법정신을 약화시키고, 기본법을 보호하는 독립 기관의 측면에서 약점을 보인다. 자유민주주의는 비록 책임성 부족에서 자유로운 완벽한 정치체제가 아니긴 하지만, 선거민주주의에 비하면 견고한 공론장부터 독립적인 사법심사에 이르기까지 다양한 장치를 통해 당국에 책임을 물을 기회를 피치자들에게 더 많이 제공한다.

유념할 점은 이 네 가지 정치체제가 각기 정치적 역학에 따라 움직이면서도 일단 수립되고 나면 비교적 안정적으로 유지된다는 것이다. 따라서 이 체제들이 (더) 권위주의적인 방향이나 (더) 민주주의적인 방향으로 **반드시** 이행하고 있는 것은 아니다. 그럼에도 포퓰리즘 세력의 부상은 각 체제 내에서 변화를 촉발할 수 있다. 우리는 포퓰리즘이 각각의 이행 단계에 끼치는 특정한 영향에 대한 이론을 세우고 한 가지씩 실례를 들어 보일 것이다.

포퓰리즘의 영향을 받는 민주화 과정은 자유화, 민주주로의 이행, 민주주의 심화 이렇게 세 단계로 나눌 수 있다. 먼저 **자유화** 단계, 즉 권위주의 체제가 제약을 완화하고 일부 개인과 집단의 권리를 확대하는 단계 동안 포퓰리즘은 대체로 민주주의에 긍정적인 영향을 준다. 포퓰리즘은 국민주권과 다수결에 대한 요구를 분명하게 표현하여 종래의 국가 억압에 의문을 제기하는 데 도움이 되고, 따라서 반대파 지도부가 '저항 프레임'을 구축하여 현체제에 반대하는 (모든) 사람들을 동원하는 데 기여한다. 포퓰리즘의 이런 역할을 잘 보여주는 사례로는 지난날 공산주의 동유럽에서 전개된 몇몇 광범한 반대운동들, 그중에서도 폴란드 연대자유노조의 운동이 있다.

연대자유노조는 당시 공산주의가 안고 있는 문제에 대해 의견일치를 본 것만큼이나 공산주의 이후 선호하는 미래를 놓고 의견을 달리한 반공산주의 활동가들을 모두 품은 폭넓고 느슨한 연합 조직이었다. 연대자유노조 자체는 포퓰리즘 운동이 아니었지만 일부 지도자와 유권자는 포퓰리즘을 고수했으며, 특히 운동을 상징하는 지도자 레흐 바웬사가 대중시위에서 포퓰리즘을 표명했다. 근본적으로 연대자유노조는 종족적(민족주의적) 측면에서나 도덕적(포퓰리즘적) 측면에서나 폴란드 통일노동자당(Polska Zjednoczona Partia Robotnicza)의 '엘리트'에 맞서 '민중'을 대변했다. 연대자유노조의 (주요) 성원들이 공산주의 이후 여러 포퓰리즘 정당을 설립한 것은 우연이 아니다. 그중 가장 주목할 만한 사례는 쌍둥이 형제 레흐와 야로스와프 카친스키가 창당한 우파 포퓰리즘 정당 '법과정의'다.

다음으로, 경쟁적(또는 완전) 권위주의에서 선거민주주의로 넘어가는 **민주주의로의 이행** 단계에서 포퓰리즘은 모호하면서도 상당히 건설적인 역할, 즉 민중이 통치자를 선출해야 한다는 관념을 강화하는 역할을 한다. 포퓰리즘 세력은 어떤 대가를 치르더라도 국민주권을 존중하는 것이 정치의 핵심이라고 주장하는 만큼, 집권중인 엘리트층을 공격하고 정치권력에 접근할 기회를 보장하는 변화를 촉구할 것이다. 이는 그들이 자유롭고 공정한 선거의 실현을 지지할 것이라는 뜻이다. 이와 관련해 흥미로운 사례는 1980년대 말 멕시코에서 콰우테모크 카르데나스가 창설한 민주혁명당(Partido de la Revolucion Democratica)이다.

민주혁명당의 전신은 1929년 이래 줄곧 집권해온 제도혁명당(Partido Revolucionario Institucional)—도중에 당명이 몇 차례 바뀌었다—으로, 민주적 외양에도 불구하고 경쟁적 권위주의 체제로 멕시코를 통치했다. 카르데나스 등은 제도혁명당 내에서 신자유주의적 경제 정책을 바꾸기가 불가능함을 깨닫고는 신당을 만들어 신자유주의에 반대할 뿐 아니라 자유롭고 공정한 선거의 완전한 실행까지 요구하는 길을 택했다. 당의 지도자—처음에는 카르데나스였다가 나중에 안드레아스 마누엘 로페스 오브라도르로 바뀌었다—를 멕시코인 모두를 위해 진짜 민주주의를 수립하는 데 관심을 쏟는 '민중의 수수한 일원'으로 내세우기 위해, 민주혁명당은 처음부터 포퓰리즘적 언어를 채택했다. 민주혁명당은 비록 대통령 선거에서 이기진 못했으나 2000년의 '정초선거'를 가능케 한 역사적인 거래의 길을 여는 데 일조했다—이 선거에서 보수적인 국민행동당(Partido Accion Nacional)의 후보가 대통령으로 선출되었다.

마지막으로, **민주주의 심화** 단계에서는 기본권 보호에 특화된 제도를 개선하고 완전한 자유민주주의 체제를 발전시키는 데 중요한 개혁이 완료된다. 이론상 포퓰리스트들은 민주주의 심화 과정과 충돌하는데, 제약받지 않는 민중의 의지에 근거해 민주주의를 해석하는데다 선출되지 않은 기관을 거부하기 때문이다. 대개 그들은 비선출 기관을 민중의 '진정한' 이해관계보다 유력한 소수의 '특수한 이해관계'를 보호하려는 부당한 제도로 묘사한다.

이를 잘 보여주는 인물로 슬로바키아 총리를 세 차례나 지낸 블라디미르 메치아르가 있다. 특히 마지막 연립정부 기간(1994~1998)에 메치아르는 민주주의 심화에 반대하는 포퓰리스트의 면모를 드러냈다. 1994년 메치아르가 집권했을 때만 해도 슬로바키아는 공산주의 이후 중동부 유럽에서 유럽연합 가입이 유력한 일군의 민주주의 국가들 중 하나였다. 그렇지만 정부에서 법을 무시할 뿐 아니라 바꾸기까지 하려는 (미수에 그친) 시도─야당들을 약화시키기 위해 선거구를 변경하려는 시도 같은─를 포함해 비자유주의적인 정치를 편 결과, 슬로바키아는 느림보 민주주의 국가들의 범주로 점차 후퇴했다. 유럽연합은 슬로바키아를 가입 유력 국가군에서 배제하겠다고 경고하기까지 했다.

지난 수십 년 세월은 민주주의가 심화되지 못할 수 있을 뿐 아니라 희석되고 심지어 폐지될 수도 있다는 사실까지 일깨운다. 포퓰리즘은 이런 탈민주화 과정에서도 중요한 역할을 할 수 있다. 탈민주화 과정도 민주주의 쇠퇴, 민주주의 붕괴, 억압 이렇게 세 단계로 나눌 수 있다. **민주주의 쇠퇴** 단계는 기본권 보호에 특화된 제도의 권위를 좀먹는 점진적인 변화, 이를테면 사법독립성 저하, 법치 포기, 소수자 권리 약화 등을 포함한다. 포퓰리스트 지도자와 추종자들은 민주주의 쇠퇴 단계를 촉발하는 경향이 있다. 본질적으로 '민중의 일반의지'의 실행을 방해하는 그 어떤 집단과 제도에도 반대하는 극단적인 다수제 민주주의 모델을 지지하기 때문이다. 포퓰리즘이 민주주의 쇠퇴 과정으로 이어질 수도 있음을 보여주는 실례로 오늘날 헝가리의 상황에 비할 만한 것도 없을 것이다.

마지못해 인정한 2002년 선거 패배 이후, 오르반 빅토르와 그의 우파 포퓰리즘당 청년민주동맹은 폭력적인 가두시위까지 포함하는 급진적인 반대 입장을 택했다. 2010년 다시 총리로 선출된 오르반은 청년민주동맹의 다수 유권자를 활용하여 헌법 개정을 강행했다. 일부 학자들에 따르면 "현정부는 스스로의 권한을 견제할 수단을 거의 가지고 있지 않지만, 새 헌정 질서에서 집권당은 미래의 정부가 할지도 모르는 일에 거부권을 가진 아주 중요한 장기 직위들에 충직한 지지자들을 앉힐 수 있다". 외국 정부들과 국제기구들은 오르반 정부를 너무 매몰차게 비판하기를 꺼렸지만, 유럽연합과 미국은 헝가리의 민주주의 '탄압'에 갈수록 우려를 표명했다.

탈민주화 과정의 그다음 단계인 **민주주의 붕괴**는 선거민주주의에서 경쟁적 권위주의(또는 극단적인 경우 완전 권위주의)로의 체제 변화를 가리킨다. 포퓰리스트들은 이 단계에서 모호하되 민주주의 붕괴에 얼마간 힘을 보태는 역할을 할 것으로 예상되는데, 포퓰리즘 세력에 유리하게 게임의 법칙을 기울이고 그리고/또는 민중의 일반의지의 표현을 허용하지 않는다는 이유로 '부패한 엘리트'를 공격하려는 성향이 있기 때문이다. 적절한 예로는 페루의 후지모리 체제가 있다.

정치 아웃사이더였던 후지모리는 정치 기득권층에 반대하

고 페루가 직면한 경제위기를 해결할 점진적 접근법을 지지하는 선거운동을 펼쳐 1990년 대통령에 당선되었다. 후지모리가 강력한 정당의 뒷받침을 받지도 못했고 또 기존 정당들과 동맹을 맺는 데 관심도 없었던 탓에, 페루는 행정권력과 의회권력이 대립하는 교착상태에 빠지고 말았다. 이 상태를 타개하기 위해 후지모리는 1992년 자신은 그저 '민중의 의지'를 따를 뿐이라고 주장하며 헌정을 정지시키고 의회를 폐쇄했다. 이러한 자가 쿠데타(autogolpe) 이후 페루는 8년간 후지모리의 통치를 받았고, 이 기간에 체제는 확실히 선거민주주의보다 경쟁적 권위주의에 더 가까웠다. 실제로 후지모리는 군부─특히 정보부 및 그 부장 블라디미로 몬테시노스─와 동맹을 맺었는데, '빛나는 길' 게릴라 운동을 분쇄하는 것뿐 아니라 운동장을 야당에 불리하게 기울이는 것도 동맹의 목적이었다.

탈민주화의 마지막 **억압** 단계에서는 경쟁적 권위주의에서 완전 권위주의로 이행한다. 이 과정은 보통 점진적으로 전개되고 위기 발생과 관련이 있다. 포퓰리즘이 본질적으로 국민주권과 다수결을 지지하는 만큼, 우리는 포퓰리스트들이 일반적으로 이 억압 과정에 반대할 것이라고 생각한다. 포퓰리스트가 관여한 최근의 억압 사례는 거의 없다.

벨라루스 대통령 알렉산드르 루카셴코는 탈민주화를 추진

하지 않은 소수의 예외 사례 중 하나일 텐데, (기회가 있었고 야당이 부상하고 있었음에도) 경쟁적 권위주의 체제를 완전 권위주의 체제로 바꾸지 않았다. 루카셴코가 소련에서 분리된 다른 국가들의 완전 권위주의적 '씨족 정치'보다 (갈수록 조작된) 유권자 지지에 기반하는 경쟁적 권위주의 체제를 옹호해온 주된 이유는 그의 포퓰리즘 이데올로기에 있다. 루카셴코는 야당 세력을 외세(즉 서구)와 제휴하는 '부패한 엘리트'로 묘사하는 포퓰리즘적 주장에 근거해 자신의 (경쟁적 권위주의) 체제를 정당화한다. 그렇지만 루카셴코가 '순수한 벨라루스 민중'의 진정한 대표임을 어느 정도 정당하게 주장할 수 있으려면, 엄밀한 의미에서는 경쟁적이지 않은 선거를 통해서나마 정적들과 인기 경쟁을 벌일 필요가 있다.

매개변수들

우리의 이론적 틀은 무엇보다 민주화 과정과 탈민주화 과정의 여섯 단계에 포퓰리즘이 끼치는 영향을 구별한다. 그렇지만 각 단계에서 포퓰리즘이 끼치는 영향의 성격과 강도는 적어도 세 가지 매개변수에 따라 크게 달라질 수 있다. 세 변수는 포퓰리즘 세력의 정치권력, 정치체제의 유형, 그리고 국제 정세다.

가장 중요한 요인은 포퓰리스트들의 정치권력이다. 포퓰리즘 세력이 야당 내에 있느냐 정부 내에 있느냐에 따라 그들이 민주화 과정에 끼치는 영향의 강도뿐 아니라 성격도 달라질 수 있다. 일반적으로 야당 내 포퓰리스트들은 (경쟁적) 권위주의 체제에서나 (선거)민주주의 체제에서나 엘리트의 속박을 깨부수기 위해 투명성을 높일 것과 민주주의를 더욱더 구현할 것(예컨대 정초선거, 국민투표, 주민소환제)을 요구하는 경향이 있다.

집권중인 포퓰리스트들은 직접민주주의를 활용하고 공적 경쟁의 규칙을 존중하는 문제와 관련해 더 복잡한 양상을 보인다. 포퓰리스트들이 다수결을 옹호하는 것은 사실이지만, 그들 중 일부만이 국민투표제를 얼마간 일관되게 시행해왔다. 가장 유명한 예로, 차베스는 몇 차례 국민투표를 시행해 대통령 임기 제한을 없애고 재선에 성공했는가 하면 헌법 개정에 실패하기도 했다. 또 포퓰리스트 정치인들은 헌법을 개정한 코레아와 오르반의 사례처럼 정치권력을 사용해 선거운동장을 자신에게 유리하게 기울이기도 했다.

두번째로 중요한 요인은 정치체제의 **유형**이다. 모든 정치 행위자와 마찬가지로 포퓰리스트들도 민주주의 체제에서 집권하고 나면 이 체제의 특징들에 의해 얼마간 제약을 받는다. 포퓰리스트 '아웃사이더'는 대통령제에서 더 쉽게 집권할 수는 있지만 대개 자신의 의제를 밀어붙이는 데 필요한 다른 층위의 지지를 얻지는 못한다. 특히 강력한 정당조직이 없는 경우에 그렇다. 반면에 의회제는 집권중인 포퓰리스트의 권력을 제한하는 경향이 있는데, 의회제 국가는 흔히 연립정부로 운영되고 그 안에서 포퓰리즘 정당은 대부분의 경우 더 강력한 비포퓰리즘 정당들과 공조할 수밖에 없기 때문이다―오스트리아 자유당이 이런 사례였다. 그렇지만 포퓰리스트 한 명이나 집단이 의회 다수파를 손에 넣을 경우 대항 세력을 약화시킬 수도 있다. 가장 뚜렷한 예로 헝가리에서 오르반은 오랫동안 의회의 가중다수결제〔전체 구성원의 3분의 2 또는 4분의 3과 같은 특정 다수의 결정에 따르는 다수결 방식―옮긴이〕에 의존해 야당의 방해 없이 헌법을 개정할 수 있었다.

　마지막으로, 국제 정세가 중요한 역할을 한다. 어느 나라가 유럽연합 같은 자유민주주의 국가들의 강력한 네트워크에 속해 있을 경우, 포퓰리스트가 자유민주주의의 핵심 특징을 훼손하면서도 심각한 국제적 반발에 부딪히지 않기란 불가능하진 않더라도 훨씬 더 어렵다(이번에도 헝가리 오르반 정부가 적절한 사례). 근래에 라틴아메리카의 여러 나라에서 집권한 좌파 포퓰리즘 정부들이 남미국가연합(Union of South American Nations) 같은 새로운 지역 기구를 결성해 자신들의 민주주의 모델을 지키고자 노력한 것은 우연이 아니다. 실제

로 남미국가연합은 아메리카 대륙의 주요 국제기구로서 미
국과 캐나다까지 회원국으로 둔 미주국가기구(Organization of
American States)의 선거감시제와 경쟁하기 위해 자체 제도를
개발했다.

포퓰리즘과 민주주의 재고하기

포퓰리즘과 민주주의의 복잡한 관계는 이론과 실천에 반영
된다. 포퓰리즘이 본질적으로 민주주의에 반대하는 것은 아
니다. 오히려 포퓰리즘은 자유민주주의와 상충된다. 포퓰리즘
은 극단적인 다수결주의를 옹호하고 비자유민주주의의 한 형
태를 지지하는 일군의 이념이다. 포퓰리즘은 국민주권과 다
수결은 단호히 옹호하지만, 소수자 권리와 다원주의에는 반
대한다. 그러나 포퓰리즘과 자유민주주의의 관계마저도 한쪽
으로만 치우치는 것은 아니다. 세계 각지의 포퓰리즘 세력은
한편으로 주변화된 집단에게 발언권과 권력을 주고자 하지
만, 다른 한편으로 반대 세력들의 존재 자체와 싸우고 정치적
경쟁의 규칙을 위반하는 경향을 보이기도 한다.

실제로 포퓰리스트들은 현대 세계의 여러 자유민주주의 국
가에 내재하는 긴장을 곧잘 상기시키고 활용한다. 그들은 민
주주의 체제의 형편없는 성과를 비판하고 이 문제를 해결하기

위해 민주적 **절차**를 변경하자는 운동을 펼친다. 자유민주주의 체제가 특정한 유권자들이 원하는 것을 이행하지 않을 때, 정치적 기업가들은 포퓰리즘 이념 집합을 받아들여 기득권층을 비판하고 국민주권을 강화할 때가 왔다고 주장할 수 있다. 바꾸어 말하면, 포퓰리스트들은 법치와 기본권을 보호하는 제도(예컨대 선거법원, 헌법재판소, 대법원 등)가 정당한 권력을 행사하는 민중의 능력을 제한할 뿐 아니라 정치체제에 대한 불만까지 고조시킨다고 주장하는 경향이 있다.

포퓰리즘이 민주화 과정의 모든 단계에 똑같은 영향을 주는 것은 아니다. 우리의 주장은 포퓰리즘이 선거민주주의 또는 최소민주주의하에서는 체제의 발전을 촉진하는 긍정적인 역할을 하지만, 완전한 자유민주주의하에서는 체제의 발전을 저해하는 부정적인 역할을 하는 경향이 있다는 것이다. 같은 이유로 포퓰리즘은 권위주의 국가에서는 민주화에 이바지하는 반면, 자유민주주의 국가에서는 체제의 질을 떨어뜨리는 경향이 있다. 포퓰리즘은 국민주권을 지지하되 사법 독립이나 소수자 권리처럼 다수결을 제약하는 것이라면 그 무엇에든 반대하는 경향을 보인다. 이제껏 포퓰리즘 세력의 집권은 탈민주화 과정으로 이어졌으며(예컨대 헝가리의 오르반과 베네수엘라의 차베스), 일부 극단적인 경우 민주주의 체제의 붕괴로 귀결되기도 했다(예컨대 페루의 후지모리).

민주주의 체제가 안정적으로 자리잡을 경우 포퓰리스트들은 다수결에 대한 그 어떤 제약에든 계속 도전할 것이고, 충분히 강해지고 나면 민주주의 쇠퇴 과정을 촉발할 수 있을 것이다. 그렇지만 그들이 민주주의를 붕괴시킬 정도로 체제의 존립을 위협할 가능성은 별로 없다. 기본권 보호에 특화된 독립기관들을 보호하는 여러 행위자 및 제도의 완강한 저항에 부딪힐 것이기 때문이다. 어느 정도는 바로 이것이 오늘날 몇몇유럽 국가들이 경험하고 있는 시나리오다. 이들 나라에서 포퓰리즘 세력은 선거에서 우세를 점했지만(예컨대 그리스와 헝가리에서) 자국의 제도 설계 전체를 뜯어고칠 만큼 절대적인재량권을 가지고 있지는 못하다.

제 6 장

원인과 대응

포퓰리즘을 둘러싼 활발한 논쟁에도 불구하고 포퓰리즘 세력의 성공(그리고 실패)에 관한 정립된 이론은 놀랍도록 적다. 포퓰리스트의 성공에 관한 대부분의 설명은 주류 정당들에 실망하거나 무시당한다고 느끼는 유권자들 중 동원 가능한 부분을 쉽게 끌어들일 수 있는 카리스마적 지도자의 출현을 강조한다. 이 해석은 적어도 두 가지 이유에서 문제가 있다. 첫째, 성공한 포퓰리스트들이 모두 카리스마적 지도자를 따르는 것은 아니다. 둘째, 포퓰리즘은 포퓰리스트의 유무와 무관하게 사회에 존재하는 도덕적·이원론적 담론이다. 포퓰리즘을 좋아하건 싫어하건, 많은 시민들은 포퓰리즘의 렌즈를 통해 정치적 현실을 해석한다.

포퓰리스트의 성공(그리고 실패)을 설명하려면 포퓰리즘 정치의 수요 측면과 공급 측면을 모두 고려해야 한다. 이념적 접근법의 주된 장점 중 하나는 엘리트 수준의 포퓰리즘과 대중 수준의 포퓰리즘을 모두 설명한다는 것이다. 포퓰리즘 수요가 많은 사회는 성공을 낳는 비옥한 토양이지만, 그렇다 해도 믿을 만한 포퓰리즘 세력이 공급되어야 한다. 반대로 포퓰리즘 공급은 많지만 그에 상응하는 수요가 없을 경우 포퓰리스트는 대개 실패할 것이다. 여기에 더해 포퓰리즘의 부상을 이해하려면 사회경제적·사회정치적 맥락이 포퓰리즘 수요와 공급을 저해할 수도 있고 촉진할 수도 있는 방식을 반드시 고려해야 한다.

우리는 먼저 포퓰리즘의 성공과 실패에 작용하는 주된 요인들을 논할 것이고, 그런 다음 중요하지만 까다로운 다른 문제, 즉 포퓰리즘의 부상에 어떻게 대응할 것이냐는 문제를 다룰 것이다. 이 물음에 답하기 위해 우리는 포퓰리즘 정치에 대한 민주적 대응을 수요 측면과 공급 측면으로 나누어 논할 것이다. 그리고 마지막으로 (자유)민주주의에 대한 포퓰리즘의 긍정적인 영향을 강화시키는 동시에 부정적인 영향을 약화시키는 최선의 방법과 관련해 몇 가지 제안을 하면서 책을 마칠 것이다.

포퓰리즘의 성공과 실패 설명하기

먼저 논점을 간단히 정리해보자. 대개 정치 행위자의 성공 정도를 그가 얻은 투표수(선거 강점)로 가늠하지만, 적어도 두 가지 다른 척도에 의거해서도 정치적 성공을 분석할 수 있다. 하나는 어떤 쟁점을 공공 의제로 만드는 능력(의제 설정)이고, 다른 하나는 공공 정책을 수립하는 능력(정책 영향)이다. 이 구분은 특히 포퓰리스트의 성공과 실패에 관해 생각할 때 중요하다. 세계 각지의 포퓰리스트들은 상당히 제한된 투표수를 얻는 데 그치면서도 의제 설정과 정책 영향 면에서 눈에 띄는 역할을 하기 때문이다. 이와 관련해 덴마크 인민당과 프랑스 국민전선 같은 서유럽 극우 정당들보다 더 나은 사례는 없을 것이다. 이 정당들은 총선에서 '겨우' 10~20퍼센트를 득표할 뿐이면서도 이민이나 다문화주의 같은 쟁점을 공적 논쟁의 중심에 놓는 과정에서 영향력을 발휘해왔다. 때로는 주류 정당들에게 난민과 이민을 더 제한하는 정책을 채택하도록 강제하기까지 했다.

정치적 성공의 유형과 무관하게, 포퓰리스트들은 엘리트 포퓰리즘과 대중 포퓰리즘이 결합되는 경우에만 세력을 크게 넓힐 수 있다. 따라서 포퓰리즘의 성공(그리고 실패)을 설명하려는 이론은 포퓰리즘 정치의 수요 측면과 공급 측면을 모두 고려해야 한다. 수요 측면은 포퓰리즘적 태도가 강화되고 포풀리즘 이념이 주목받는 데 도움이 되는, 이따금 일어나는 구조적 변화와 관련이 있는 반면, 공급 측면은 정치 영역에서 포퓰리즘 세력이 활동하는 데 유리한 조건과 관련이 있다.

포퓰리즘 정치의 수요 측면

어떤 정치 행위자든 성공을 하려면 그의 메시지에 대한 수요가 따라야 한다. 대다수 포퓰리스트들은 민족주의와 사회주의 같은 모종의 숙주 이데올로기와 포퓰리즘을 결합시킨다. 그들이 성공하는 이유로 포퓰리즘이 자주 꼽힘에도 불구하고, 여러 선거 연구는 오히려 서유럽의 외국인 혐오나 라틴아메리카 빈곤층의 사회경제적 지지 같은 부수적인 특징들에만 초점을 맞춘다. 이는 어느 정도는 대중 수준에서 구할 수 있는 데이터가 부족하기 때문이다. 포퓰리즘적 태도에 관한 경험적 연구들은 비록 아직까지 걸음마 단계이긴 하지만, 유의미한 포퓰리즘 정당이 있는 나라(예컨대 네덜란드)와 사회운동이 있는 나라(예컨대 미국)뿐 아니라 유의미한 포퓰리스트가 없는 나라(예컨대 칠레)에서도 국민들 사이에 포퓰리즘적 태도가 꽤 널리 퍼져 있음을 보여준다.

세계 각국에서 인구의 상당 부분은 포퓰리즘 이념의 중요한 측면들을 지지한다. 무엇보다 많은 사람들은 (정치) 기득권층이 부정직하고 제 잇속만 차리는데다 닫힌 문 뒤에서 부패한 거래를 하고 다수의 의견에 개의치 않는다고 생각한다. 또한 '민중'이 자신들의 주권을 직업 정치인들에게 위임하지 말고 중요한 결정을 대부분 직접 내려야 한다고 생각한다. 그럼에도 포퓰리즘적 태도는 대개 잠재해 있다. 다시 말해 태도를 강화시키거나 표명하기에 알맞은 상황이 올 때까지 휴면 혹은 잠복 상태로 있다. 미국의 포퓰리즘 연구자 커크 호킨스의 말대로 "우리 모두의 내면에는 휴면중인 우고 차베스나 세라 페일린이 있다. 문제는 그들을 어떻게 활성화하느냐는 것이다".

이런 잠재성에 사회경제적·사회문화적 맥락이 영향을 준다. 포퓰리즘 수요는 특정한 (일군의) 조건에서 표출된다. 사회의 존립 자체를 위협하는 문제가 있다는 인식이 만연할 때, 포퓰리즘 수요는 드러나기 시작한다. 이런 이유로 극적인 경기 침체와 같은 중대한 정책 실패, 그리고 무엇보다 만천하에 드러난 체계적인 부패 사례는 국민들 사이에서 포퓰리즘적 태도를 불러일으키는 촉매로 기능할 수 있다. 예를 들자면, 경기 대침체와 주류 정당들의 부패 행위를 빼고는 에스파냐의 포데모스와 그리스의 급진좌파연합 같은 포퓰리즘 정당들에 대한 공개 지지가 급상승한 현상을 이해하기 어렵고, 1990년대 초 이탈리아의 뇌물도시(Tangentpoli) 스캔들을 빼고는 실비오 베를루스코니의 부상을 이해하기란 불가능하다.

부패 스캔들은 '엘리트' 개인과 집단이 정직하지 않은 방식으로 행동한다는 것을 드러낸다. 이런 진실이 밝혀지면 사람들은 정치 상황에 분노하게 되고, 정치 현실을 포퓰리즘의 렌즈를 통해 해석하기 쉬워진다. 특히 '국가성(stateness)'에, 즉 자원과 활동, 대인관계를 조정하는 기존 방식을 변경하는 국가의 역량에 심각한 문제가 있는 나라에서는 제도적 부패가 횡행한다. 약한 국가는 시민들로부터 세금을 징수하고(자원), 범죄 집단을 통제하고(활동), 조상 전래의 관계망에 개입하는 (대인관계) 데 어려움을 겪는다. 심각한 국가성 문제를 가진 민주주의 체제는 제도적 부패에 시달리기 쉽고, 고질적인 포퓰리즘(예컨대 에콰도르와 그리스)이나 포퓰리즘 세력과 비포퓰리즘 세력의 지속적인 투쟁(예컨대 아르헨티나와 슬로바키아)을 겪을 수 있다. 중요한 점은 포퓰리스트의 집권이 반드시 더 강한 국가로, 또는 국가성 문제의 뿌리와 씨름하는 능력으로 이어지는 것은 아니라는 사실이다.

포퓰리즘적 태도를 활성화하는 다른 핵심 요인은 정치체제가 응답하지 않는다는 전반적인 느낌이다. 시민들이 정당과 정부가 자신들의 말을 듣지 않고 요구를 무시한다고 느낄 때, 적어도 기득권층에게 버림받았다고 느끼는 유권자들 사이에서는 포퓰리즘이 활성화될 가능성이 높아진다. 기득권 정치

10. 알렉시스 치프라스(왼쪽)과 파블로 이글레시아스(오른쪽)는 좌파 포퓰리즘 정당
(각각 그리스 급진좌파연합과 에스파냐 포데모스)의 지도자로 유럽 도처에서 감
탄과 우려를 동시에 불러일으켰다. 두 젊은 정치인은 경기 대침체가 시작된 뒤
긴축정책과 싸우는 데 힘써 존경을 받았다.

행위자들의 보호를 잃었다고 느끼는 유권자들은 포퓰리즘의 심상지도(mental map)를 통해 정치적 사건을 해석하는 경향이 있다. "엘리트층은 제 생각만 하고 (진짜) 민중의 일은 안중에 없다"는 것이다. 유럽에서 극우 포퓰리즘 정당의 유권자 중 상당수가 '토착민' 노동계급인 것은 우연이 아니다. 그들은 경제 세계화, 유럽 통합, 다문화주의를 받아들인 사민당이 자신들을 더이상 대표하지 않는다고 느끼고 있다.

엘리트와 민중 사이 간극이 계속 벌어지는 핵심 이유 중 하나를 작고한 아일랜드 정치학자 피터 메이어가 적절하게 지적했다. 메이어에 따르면 주류 정당은 적합한 대표 역할과 책임 있는 행위자 역할 사이의 긴장이 갈수록 커지는 상황에 직면한다. 으레 시민들은 대표들이 어떤 일을 해주기를 바라는 반면, 대표들은 다른 어떤 일에 책임을 져야 한다. 특히 오늘날 유럽에서 이런 상황이 벌어지고 있다. 유럽연합은 회원국 정부가 책략을 쓸 여지를 대폭 줄여왔거니와, 때로는 반대 여론이 팽배한 정책을 실행하라고 강요하기까지 한다.

예를 들어 국제 시장과 유럽연합의 압력 때문에 에스파냐에서 호세 루이스 로드리게스 사파테로의 사민당 정부(2004~2011)와 그리스에서 게오르기오스 파판드레우의 사민당 정부(2009~2011)는 '책임 있는 행위자'로서 긴축 개혁을 단행하기로 결정했다. 그러자 유권자들은 너나없이 배신을 당했을 뿐 아니라 더이상 정당에 의해 대표되지도 않는다며 불만을 터뜨렸다. 이런 상황이 한 가지 원인이 되어 활성화된 포퓰리즘 정서는 먼저 인디그나도스 같은 사회운동을 통해, 그런 다음 포데모스와 급진좌파연합 같은 좌파 포퓰리즘 정당을 통해 표출되었다. 방금 든 사례는 극단적인 경우이지만, 유럽연합의 기성 정당들도 응답과 책임 사이에서 갈수록 어려워지는 균형 잡기를 해야 하는 처지다. 이 난제―응답과 책임 사이 긴장을 유권자에게 정직하게 밝히는 일을 포함해―에 그들이 잘 대처할수록 포퓰리즘이 흥성할 가능성은 낮아질 것이다.

유럽과 비슷하게 라틴아메리카에서도 국제통화기금과 세계은행 같은 국제 금융기구들과 국제 시장이 각국 정부의 정책 선택지를 몹시 제약했다. 이런 '퍼펙트 스톰'〔perfect storm: 두 가지 이상의 악재가 동시에 터져 발생하는 경제 위기―옮긴이〕의 극단적인 예는 우고 차베스의 부상을 촉진한 베네수엘라의 사회경제적·사회정치적 상황이다. 20세기 마지막 20년 동안 석유 가격이 떨어진 탓에 베네수엘라는 현금 부족과 공채 증가에 시달렸으며, 결국 후견주의 관계망에 크게 의존하던 양당 체제가 흔들리기에 이르렀다. 중도좌파 대통령 카를로스 안드레스 페레스는 긴축 개혁을 단행했다가 심각한 사회 저항뿐 아니라 우고 차베스라는 젊은 중령이 주도한 쿠데타

기도에도 직면했다. 페레스가 부패 스캔들로 대법원에 의해 파면당한 뒤 정치 기득권층은 갈수록 신뢰를 잃었으며, 석방된 차베스는 엘리트(la oligarquia)를 공격하고 민중(el pueblo)을 찬미하는 격렬한 포퓰리즘 담론으로 사회의 분노 정서를 동원했다. 1998년 차베스는 56퍼센트를 득표해 대통령에 당선되어 전통적인 양당 체제를 허물고 라틴아메리카 역사에서 세번째 포퓰리즘 시대를 열었다.

포퓰리즘의 부상을 분석할 때는 현대 사회에서 장기간의 미묘한 변화가 포퓰리즘적 태도의 확산뿐 아니라 활성화까지 촉진할 수 있음을 지적할 필요가 있다. 미국 정치학자 로널드 잉글하트는 전후 서구 민주주의 국가들이 사회 개혁을 통해 '인지적 동원(cognitive mobilization)' 과정, 즉 국민들을 정보에 더 밝고 더 독립적이고 더 자각적인 시민으로 양성하는 과정을 시작했다고 주장한다. 이 새로운 자주적 시민들은 더이상 정치 엘리트층의 지배를 자연스러운 것으로 받아들이지 않으며 그 어떤 부정행위든 매섭게 비판한다. 더욱이 자주적 시민들은 새로운 정보 환경 덕분에 정치 엘리트층의 부정행위 의혹을 예전보다 훨씬 많이 알고 있다.

무엇보다 전통 미디어가 정치 엘리트층의 통제를 덜 받고 있다. 여러 나라에서 초기에 신문은 설령 기성 정당이나 정치 조직이 완전히 소유하고 운영하진 않았다 할지라도 정계와의 관계가 긴밀했고, 라디오와 텔레비전은 국가가 완전히 소유하고 통제했다. 이는 미디어가 집권당이나 주류 정당들(기존 야당들을 포함해)에 친화적이었다는 뜻이다. 반면에 오늘날 대다수 신문은 정당으로부터 거의 독립해 있으며 국영 라디오와 텔레비전 방송사는 상업 방송사에 청취자와 시청자를 많이 빼앗기고 있다. 여기에 더해 모든 전통 미디어는 갈수록 늘어나는 온라인 미디어와 경쟁해야 한다. 믿기 어려우리만치 경쟁이 치열한 이 시장에서 미디어 조직들은 심각한 정치적 쟁점에 대한 보도를 줄이고 범죄와 부패―포퓰리스트의 주식(主食)―처럼 팔릴 만한 쟁점에 대한 보도를 늘려왔다. 이 모든 변화의 결과로 꼭 포퓰리즘적 성격인 것은 아니지만 분명 포퓰리즘적 메시지에 더 유리한 정치문화가 형성되었다.

개발도상국에서는 인지적 동원 과정이 더 제한되어 주로 도시 중간계급까지 도달하는 데 그치곤 하지만, 전통적인 제도와 가치관은 세계 도처에서 힘을 잃고 있다. 더욱이 민주주의 국가건 권위주의 국가건 개발도상국에서도 소셜미디어가 엄청난 기세로 성장해왔다. 이런 변화들이 결합되는 양상은 이란의 녹색운동과 더 폭넓은 중동 아랍의 봄 운동에서 확인할 수 있다. 두 운동은 소셜미디어를 활용해 도시의 유력한 중간계급을 동원할 수 있음을 뚜렷이 보여준 실례이기도 하다. 민주적 열망과 반기득권 정서가 특히 차별받는 대규모 사회

집단들 사이에서 결합될 경우, (친)포퓰리즘 정서가 활성화될
것이다.

포퓰리즘 정치의 공급 측면

대부분의 포퓰리즘적 사건은 포퓰리즘 지도자 또는 정당의
부상(그리고 몰락)과 관련이 있다. 포퓰리스트는 기존 상황을
활용해 모호한 반기득권 정서를 동원하는 한편, '상식적' 해법
을 촉구하며 전 인구에게 호소할 수 있다. 성공적인 포퓰리스
트는 '우리, 선량한 민중'이 '저들, 부패한 엘리트'에 맞선다는
포퓰리즘 담론을 중심으로 다양한 사회적 불만을 결합시킬
수 있다. 그 방법은 사회적 불만의 다른 중요한 측면을 다루는
숙주 이데올로기에 포퓰리즘을 덧붙이는 것이다. 예를 들어
오늘날 서유럽의 극우 포퓰리즘 정당들은 토착주의와 포퓰리
즘을 연관지어, 부패한 (토착민) 엘리트가 (외국인) 이민자를
편들고 (토착민) 민중을 주변화한다고 비난한다. 이와 비슷하
게 라틴아메리카의 좌파 포퓰리스트들은 사회주의와 포퓰리
즘을 결합시켜, 부패한 엘리트가 가난한 민중을 희생양 삼아
국가의 천연자원을 약탈한다고 비난한다.

기존의 사회경제적·사회정치적 맥락과 무관하게, 포퓰리
스트는 기득권층이 (충분히) 다루지 않는 사안을 정치 쟁점

화하려 든다. 주류 정당들이 서로의 입장을 접근시켜 정강이나 정책에서 유의미한 차이가 거의 없을 경우, 포퓰리즘 세력으로서는 '저들'이 모두 똑같다고 주장하기가 더 쉽다. 유럽에서 이 담론을 개진하는 데 처음으로 성공한 프랑스 국민전선은 주류 정당 4개를 가리켜 밀약을 통해 '민주주의를 몰수한' '4대 갱단'이라고 불렀다. 나중에는 아직 남은 기성 정당두 개의 약자인 UMP(Union pour un mouvement populaire)와 PS(Parti socialiste)를 합쳐 'UMPS'라고 부르기 시작했다. 이탈리아에서 코미디언에서 정치인으로 변신해 포퓰리즘당 오성운동(Movimento 5 Stelle)의 지도자가 된 베페 그릴로는 중도우파 정당 PdL(Il Popolo della Libertà)과 구별할 수 없다고 주장하며 중도좌파 정당 PD(Partito Democratico)를 'PdL 빼기 L'이라 부르고 있다.

물론 주류 정당들도 대개 이데올로기 수렴에 나름대로 대처한다. 그들은 특정 사안이 유권자들과 관련이 있다고 판단되면 그것을 정치 쟁점화하기로 결정한다. 이로써 그들은 기존 경쟁자들에게 도전할 뿐 아니라 포퓰리즘 세력을 비롯한 새로운 도전자들이 활동할 공간까지 없앤다. 다시 말해 주류 정당들의 대처와 무대처 둘 다 포퓰리즘 세력의 성공과 실패에 큰 영향을 준다. 이 점은 극우 포퓰리즘 정당이 에스파냐와 오스트리아의 선거에서 거둔 성과를 비교해보면 여실히 드러난다.

에스파냐는 서유럽에서 유의미한 극우 포퓰리즘당이 없는 소수의 나라 중 하나다. 강한 지역 정당들과 매우 특이한 선거제에 더해, 주류 우파 정당인 인민당(Partido Popular)이 에스파냐에서 극우 포퓰리즘당을 지지할 만한 유권자들이 신경쓰는 쟁점들, 이를테면 가톨릭교, 법과 질서, 그리고 무엇보다 국가 통일 등을 대부분 다루어왔다는 것이 포퓰리즘당이 없는 주된 이유다. 이와 극명하게 대조적으로 오스트리아 자유당은 두 주요 정당이 서로의 입장을 접근시킨 덕을 크게 보았는데, 두 당은 국가를 통치하고 유럽 통합과 이민처럼 분열을 일으킬 개연성이 있는 쟁점이 정치적·공적 의제로 다루어지지 못하도록 막기 위해 때때로 공식적이거나 비공식적인 대연정을 수립했다.

그렇다고 해서 포퓰리스트들이 환경의 불운한 산물에 불과한 것은 아니다. 그들은 더 비옥한 터전을 마련하기 위해 적극 개입한다. 그중에서도 위기의식을 조성하기 위해서라면 노력을 아끼지 않는다. 선정적인 미디어의 대개 의도치 않은 지원을 받는 유럽의 극우 포퓰리즘 정당들은 난민 증가를 '이민 위기'로 (때로는 비교적 온건하게) 재규정하려 시도하고, 무능하고 부패한 주류 정당들에 위기의 책임을 묻는다. 바꾸어 말하면, 포퓰리스트들이 선거 강점, 의제 설정, 정책 영향 면에서 성공할지 여부는 믿을 만한 위기 서사를 만들어내는 능력과 밀접한 관련이 있다. 이 능력은 다른 이유로도 중요하다. 위기의식을 조성함으로써 긴급하고도 중요한 메시지를 전달한다는 인상을 줄 수 있기 때문이다.

적절한 예를 핀란드에서 찾을 수 있다. 경기 대침체의 초기 수년간 핀란드에서 국내총생산은 상당히 감소했으나 실업과 국가채무는 약간 증가하는 데 그쳤다. 그러므로 평균적인 핀란드 유권자가 세계 경제위기로 심각한 타격을 입었다고 말하는 것은 과장일 것이다. 그럼에도 2011년 국회의원 선거에서 포퓰리즘당인 진짜핀란드인당(Perussuomalaiset)이 무려 19퍼센트나 득표했다. 모든 주요 정당에 영향을 준 부패 스캔들의 도움을 받긴 했지만, 진짜핀란드인당과 미디어 일부가 조성한 위기의식이야말로 결정적인 성공 요인이었다. 진짜핀란드인당은 주류 정당들이 허용한 유럽연합의 구제금융 프로그램과 이민자의 '침공'이 후한 복지국가를 위협했다고, '죄지은 사람들'(엘리트)의 어리석음의 대가를 '무고한 사람들'(민중)이 치렀다고 주장했다.

다음 절로 넘어가기 전에 해야 할 일이 있다. 자주 잊어버리지만 중요한 다음 물음을 논하는 일이다. 정치문화는 포퓰리즘의 출현 가능성에 어떤 영향을 주는가? 포퓰리스트들은 진공상태에서 활동하지 않는다. 그들은 역사적 유산을 가지고 있고 여러 정치문화를 낳는 사회에서 등장한다. 수백 년간 대체로 엘리트층의 강한 통제를 받으며 진행된 서유럽의 민주화 과정을 예로 들어보자. 그 과정에서는 군주와 지주 같은 비민주적 엘리트주의자들과 자유주의자나 사회주의자 같은 민주적 엘리트주의자들이 대립했다. 사실 후자는 '보통사람들'을 매우 불신하는 경향을 보였고, 그런 이유로 선거권을 (여성을 포함시키는 방향으로) 차츰차츰 마지못해 확대시켰다. 공산주의와 파시즘의 부상은 (평범한) 민중에 대한 이런 불신을 더욱 부채질했으며, 결국 여러 나라에서 민주적 엘리트주의자들은 정치적 선택지를 제한하기에 이르렀다. 예컨대 많은 나라들은 민중이 다시는 '그릇된 선택'을 할 수 없도록 '반민주적' 정당을 금지했다.

서유럽의 엘리트주의적 민주주의 역사와 현저히 대비되는 미국의 한층 민중적인 민주주의 역사는 혁명적 수사와 '우리, 민중' 개념을 특징으로 한다. 그런데 아이러니하게도 건국의 아버지들 중 다수는 사실 링컨 대통령의 유명한 '국민의, 국민에 의한, 국민을 위한 정부'라는 생각에 깊은 의구심을 품고 있었다. 실제로 건국자들이 창안한 극히 복잡하고 역기능 여지가 많은 정치체제에는 그들의 반엘리트 정서와 반민중 정서가 모두 반영되었다. 예컨대 그들은 엘리트를 우려해 견제와 균형의 원리를 마련했고, 민중을 우려해 선거인단 제도를 수립했다. 그렇다 해도 미국 정치문화는 언제나 순수한 민중과 엘리트가, 또는 오늘날 선거 담론에 따르면 메인스트리트와 월스트리트가 대립하는, 포퓰리즘 색채가 뚜렷한 문화였다. 민중은 유덕하고 엘리트는 부덕하다는 생각은 미국 역사 내내 고급문화에서나 저급문화에서나 만연했다.

포퓰리즘 지도자와 정당의 개입이 없더라도 미국인들은 주류 미디어와 정치인을 통해 포퓰리즘 담론을 접한다. 더욱이 포퓰리즘 정서는 대중문화에서도 중요한 역할을 한다. 토머스 페인의 유명한 팸플릿 『상식』(1776)부터 제임스 스튜어트가 주연한 명작 영화 〈스미스 씨 워싱턴에 가다〉(1939)를 거쳐 존 리치의 반(反)구제금융 컨트리 노래 〈디트로이트를 폐쇄하네〉(2009)에 이르기까지, 미국인들은 순수한 민중과 부패한 엘리트의 영원한 투쟁에 대해 들어왔다.

역사적 유산을 고려하면 서유럽 역사에서 포퓰리즘이 비교적 드물거나 푸자드주의 정당 같은 반짝정당들의 하향식 동원으로 국한되었던 것은 놀랄 일이 아니다. 그러나 '조용한 혁명'에 따른 사회 변혁으로 서유럽 문화에서도 포퓰리즘 세력이 활동할 공간이 늘어났다. 자주적인 시민들은 전통적인 정치조직과 사회조직의 통제로부터 스스로를 해방시켰고, 기득권층에 냉소적인 태도까진 아니더라도 갈수록 비판적인 태도를 취했다. 엘리트를 부정적으로 보는 시선이 늘어날수록 민중을 보는 시선은 주로 부정적인 쪽에서 호의적인 쪽으로 바뀌었다. 많은 미디어는 중요한 정치 국면을 보도할 때면 '서민' 편에서 (학계) 전문가를 따돌려왔다. 민중의 목소리를 대변하는 기자는 주류 정치인과 인터뷰를 할 때면 '민중의 관심사'에 대해 답해달라고 집요하게 요구하곤 한다. 또한 〈빅 브라더〉처럼 보통사람이 나오거나 카다시안 가족 같은 '저급문화' 유명인사가 나오는 텔레비전 리얼리티 프로그램이 '고급문화' 엘리트의 삶을 보여주는 쇼를 대부분 대체했다.

포퓰리즘에 대한 대응

초기에 포퓰리스트의 선거 성공이 주로 라틴아메리카에 집중되긴 했지만, 지난 수십 년간 포퓰리즘 세력은 세계 각지의 선거 무대에서 자리를 잡았다. 그러자 포퓰리즘 세력을 다루는 최선의 방법에 대한 관심과 논쟁이 갈수록 늘어났다. 이런 논쟁은 대부분 **전투적 민주주의** 개념의 영향을 받는데, 이 용어를 만든 독일 철학자이자 정치학자 카를 뢰벤슈타인은 1930년대에 극단주의 정치 세력이 민주적 수단을 사용해 집권하는 것을 막기 위해 민주주의 국가에서 그런 세력을 저지해야 한다고 주장했다―뢰벤슈타인 자신이 바이마르 시대에 아돌프 히틀러의 부상을 겪은 바 있다. 독일은 헌법에 자국을 전투적 민주주의 국가로 공식 규정한 소수의 나라 중 하나다. 그렇지만 대다수 민주주의 국가들도 전투적 민주주의의 특징 중 적어도 몇 가지를 시행했다―그리고 9·11과 뒤이은 테러와의 전쟁 이후로는 더욱 많이 시행했다.

그렇지만 포퓰리즘 세력을 다루는 문제에 관한 한 전투적 민주주의 접근법은 문제가 많은데, 포퓰리즘이 민주주의 자체에 반대하기보다 자유민주주의에 반대하기 때문이다. 포퓰리즘 세력은 비선출 기관의 존재 자체를 미심쩍게 여긴다. 비선출 기관은 전횡을 일삼을 수 있고 결국 공동선을 옹호하기보다 유력한 소수의 이해관계를 보호한다고 생각하기 때문인데, 이 견해에 꼭 근거가 없는 것은 아니다. 이는 포퓰리스트가 극단주의자와는 다른 더 복잡한 방식으로 민주주의에 도전한다는 뜻이며, 따라서 기존과 다른 더 복잡한 대응이 필요하다는 뜻이다. 실제로 포퓰리스트의 도전에 과잉반응하는 것은 자유민주주의에 이롭기보다 해로울 수 있다.

수요 측면의 대응

포퓰리즘 정치에 대한 수요에 어떻게 대응할 것이냐는 문제는 학적 논쟁에서나 공적 논쟁에서나 거의 제기되지 않는다. 한 가지 이유를 들자면, 많은 이들이 포퓰리즘을 대중을

11. 오스트리아 자유당이 선거에서 성공한 주된 이유는 외르크 하이더의 카리스마적 면모에 있다. 하이더는 재능 있는 연설가로서 포퓰리즘 이념을 활용해 기득권층을 공격하고 이민 문제를 정치 쟁점화하는 데 노력을 아끼지 않았다.

매혹시키는(또는 '속이는') 능력을 가진 카리스마적 지도자를 중심으로 하는 엘리트 주도 과정으로 축소하기 때문이다. 이렇게 보면 포퓰리즘은 외르크 하이더나 우고 차베스 같은 '위대한 인물'의 부상으로 설명할 수 있다. 그렇지만 포퓰리즘적 태도는 여러 사회에 비교적 널리 퍼져 있으며 카리스마적 포퓰리스트 지도자가 없는 사회에서도 나타난다. 포퓰리즘적 태도가 활성화될지 여부는 보통사람이 열렬한 포퓰리스트가 될 수도 있는 일군의 특정한 조건에, 그중에서도 전반적인 정계 부패와 특히 엘리트층의 무응답이라는 조건에 달려 있다.

중대한 부패 스캔들과 특히 제도적 부패는 중요한 인구 집단들 사이에서 포퓰리즘이 자라날 비옥한 온상을 만들어낸다. 따라서 부패와 싸우고 부패를 막는 것이 포퓰리즘 정치에 대한 수요를 줄이는 데 아주 중요한 전략이다. 여기서 도출되는 첫째 교훈은, 중대한 부패 스캔들이 흔히 드러났을 때 부패를 부인하거나 정당하고 투명한 조사를 회피하는 것이 최악의 대처라는 사실이다. **자유**민주주의 체제에서 정당성의 중요한 부분은 바로 공직자와 선출된 정치인에게 시민들에 대한 책임을 물을 수 있는 자율적인 기관들이 존재한다는 데 있다. 중대한 부패 사건에 대한 충분한 기소와 처벌은 엘리트 사이에서 부패의 발생을 줄일 뿐 아니라, 민중에게 하나의 동질한 기득권층이 '체제'를 완전히 통제하는 것은 아님을 보여준다.

제도적 부패를 다루는 일은 분명 한 가지 중대한 부패 사례에 대처하는 일보다 훨씬 더 어렵다. 제도적 부패는 흔히 '국가성' 문제를 수반하고 이 문제와 대결하기란 결코 쉽지 않기 때문이다. 국가 역량 일반과 특히 법치를 강화하려는 노력은 포퓰리즘 정서를 약화시키는 데 간접적으로 일조하는 조치로 보아야 한다. 자원, 활동, 대인관계를 조정하는 국가 역량이 강할수록 포퓰리즘 수요는 잠잠해질 가능성이 높다. 따라서 '민주주의 증진'에 관여하는 국제기구와 정부기구는 국가 역량과 법치를 강화하기 위해 당근과 채찍 조치를 구사해야 한다. 흔히 쓰는 '당근' 조치는 공무원의 노동조건을 개선하고 시민에게 비행을 제보하도록 장려하는(예컨대 행정감찰관 제도) 것이고, '채찍' 조치는 보통 공직자에 대한 감독과 제재를 강화하려는 제도적·법적 개혁과 관련이 있다.

그렇지만 대다수 서유럽 국가들은 심각한 국가성 문제에 시달리지 않으면서도 대중 수준에서 널리 퍼진 포퓰리즘에 직면해 있다. 예를 들어 덴마크와 네덜란드에서는 제도적 부패와 국가 역량이 국내적으로 문제시되지 않음에도 강한 포퓰리즘 정당이 출현했다. 이를 이해하려면 국민들 사이에서 포퓰리즘 정서의 활성화를 촉진하는 둘째 조건, 즉 엘리트의 무응답을 고려해야 한다. 서유럽 여러 나라에서 기성 정당들은 대의(代議)보다 책임을 우선시하고 그로 인해 상실하는 공

중의 지지를 정치 카르텔을 결성해 상쇄해왔다. 그러면서 포
퓰리즘 정당의 집권을 막기 위한 조치라고 대놓고 주장하곤
했다. 이는 포퓰리스트들에게 마치 꿈만 같은 상황인데, 그들
이 선호하는 '일 대 전부, 전부 대 일'—벨기에 극우 포퓰리즘
당 플랑드르 블록(Vlaams Blok, 현재 당명은 '플랑드르의 이익')의
옛 표어—투쟁을 벌이고 있다는 이미지를 확증해주기 때문
이다.

주된 문제는 꼭 기성 정당들이 다른 자유민주주의 정당들
과 카르텔을 형성하거나 대의보다 책임을 중시한다는 것이
아니라 이에 대해 분명하고 정직하게 밝히지 않는다는 것이
다. 대다수 정치인들은 일이 잘 풀릴 때는 모두 의도한 결과라
고 주장하고, 일이 안 풀릴 때는 전혀 의도한 결과가 아니라고
주장한다. 예를 들어 경제성장은 정부 경제정책의 성공이라
고 주장하는 반면, 경기침체는 유럽연합과 국제통화기금 같
은 국제기구들과 '세계화' 등 외부 원인 탓으로 돌린다. 본질
적으로 정치인들은 실제로 가진 권력보다 더 많은 권력을 가
져야 한다고 주장하다가 실패를 자초한다. 권력을 근본적으
로 제약하는 요인들을 바꿀 수는 없으므로, 정치인들은 자신
이 제약을 받아들이는 이유를 설명하는 등 실상을 더 투명하
게 드러내야 한다. 이렇게 하더라도 포퓰리스트가 잠재적으
로 더 매력적인 이야기를 말할 공간, 즉 완전한 주권을 운운할

공간이 남을 테지만, 적어도 주류 정당들이 덜 기만적으로, 그리고 더 진실하게 보이기는 할 것이다. 게다가 급진좌파연합의 포퓰리즘 정부가 그 이전의 '반역적인' 적들과 마찬가지로 경제현실에 굴복할 수밖에 없었던 그리스 같은 나라들의 근래 경험은 포퓰리즘적 대안의 매력을 어느 정도 앗아갔다.

다음 절로 넘어가기 전에 포퓰리즘 정치의 수요 측면에 대처하는 방법으로 대중 수준을 겨냥한 적극적인 전략을 고려할 수도 있음을 지적해야겠다. 가장 중요한 전략 중 하나는 시민교육으로, 그 목표는 자유민주주의의 주된 가치를 가르치고 극단주의적 도전자의 위험에 대해 경고하는(꼭 공개적으로 경고하진 않을지라도) 시민 사회화다. 가장 정교한 시민교육 프로그램은 독일의 경우일 텐데, 이 나라에는 시민교육 수행을 책임지는 별도의 정부기관까지 있다―다소 불길하게도 기관 이름은 연방정치교육원(Bundeszentrale fur politische Bildung)이다. 전반적으로 보아 시민교육은 민주적 신념을 강화하고 다원주의의 타당성을 설명함으로써 포퓰리즘적 태도를 막는 중요한 역할을 할 수 있다. 그렇지만 극단주의 세력에 대한 강한 경고는 특히 이미 정치 기득권층을 더 불신하고 포퓰리스트에게 더 동조하는 집단들 사이에서 역효과를 낼 수 있다.

공급 측면의 대응

포퓰리즘 세력이 기득권층을 곧잘 공격하므로 후자도 전자에 자주 맞대응한다. 일부 민주적 대응은 포퓰리즘 정치의 수요를 줄이는 데 초점을 맞추는 반면, 대부분의 행위와 행위자는 오로지 포퓰리즘 정치의 공급 측면, 즉 포퓰리스트만을 겨냥한다. 그러나 포퓰리즘 담론에서 주장하는 것과 달리 기득권층은 단일한 실체가 아니며 일부 행위자는 포퓰리즘에 더 응답하려 하고, 그렇게 해서 성공을 거둔다. 우리는 기득권층의 행위자들 중 가장 적극적이고 유력한 다음 네 부류에 초점을 맞춘다. 1) 주류 정치인, 2) 기본권 보호에 특화된 기관, 3) 미디어, 4) 초국적 기구.

주류 정치인과 포퓰리스트는 본질적으로 정치라는 같은 일을 한다. 따라서 특정한 상황에서 그들은 서로 협력하고 동맹을 맺기로 결정할 수 있으며, 그로써 자신들의 요구를 부각시키고 정치권력을 획득하는 데 도움을 받을 수 있다. 예를 들어 오스트리아와 핀란드 같은 유럽 국가에서 주류 정당들은 포퓰리즘 정당과 연립정부를 구성했으며, 미국에서 공화당의 몇몇 지도자들은 포퓰리즘적인 티파티 집단들과 공식 또는 비공식 동맹을 맺어 의회 의석을 얻었다. 그렇지만 대다수 주류 정당들은 정반대로 포퓰리스트를 공공연히 공격한다. 한 가지 공격 방법은 포퓰리즘 세력 주위에 이른바 방역선을 설치해 그 어떤 공식 협력에서도 배제하는 것이다—가장 두드러진 사례로는 벨기에서 포퓰리즘당 '플랑드르의 이익'을 겨냥했던 조치가 있다. 더 급진적인 접근법은 총파업을 하든 더 나아가 집권중인 포퓰리스트를 전복하려 들든 가용한 모든 수단을 동원해 포퓰리즘 세력과 싸우는 것이다—2000년대 초반 베네수엘라에서 이런 일이 있었다.

기본권 보호에 특화된 기관은 포퓰리즘 세력의 부상에 대처할 때 결정적인 역할을 할 수 있다. 자유민주주의 국가에서 독일 연방헌법재판소와 미국 대법원 같은 기관은 자유민주주의 체제를 지키고 다수결에 맞서 소수자 권리를 보호하기 위해 특별히 설계된 것이기 때문이다. 중동부 유럽에서 사법부는 폴란드의 카친스키 형제나 슬로바키아의 메치아르 같은 포퓰리스트의 비자유주의적인 제안들 중 일부에 반대함으로써 포퓰리즘 세력을 견제하는 가장 중요한 균형추 역할을 하곤 했다. 그렇지만 언제나 효과가 있는 것은 아니다. 예를 들어 에콰도르의 코레아 대통령 임기와 헝가리의 오르반 총리 임기에 사법부는 비자유주의적인 헌법 개정을 막을 만한 힘이 없었으며, 이 포퓰리스트 지도자들은 권력을 집중시키고 충직한 지지자들을 사법기관에 임명할 수 있었다.

미디어는 포퓰리즘 세력의 정치적 실패와 성공에 중요한 영향을 끼친다. 예컨대 글렌 벡과 션 해니티를 비롯해 〈폭스

뉴스〉와 몇몇 지역 라디오 방송국에서 세간의 이목을 끄는 유명인들의 지지를 고려하지 않고는 티파티의 부상을 이해하기 어렵다. 이와 비슷하게 오스트리아 자유당 당수 하이더는 1990년대에 주요 타블로이드 신문 〈크로네〉의 아주 호의적인 보도로 덕을 보았다. 더 근래에 영국독립당은 지난날 노동당과 보수당을 지지했던 타블로이드 신문 〈데일리 익스프레스〉의 공개 지지로 덕을 보았다. 포퓰리스트 자신이 미디어에서 정치 경력을 시작한 (소셜)미디어 유명인사인 경우도 더러 있다―불가리아 정당 아타카의 당수 볼렌 시도로프와 이탈리아 정당 오성운동의 당수 베페 그릴로가 이런 경우였다. 이런 미디어 포퓰리즘 유형의 전형적인 사례는 베를루스코니로, 자신의 막강한 미디어 제국을 통해 전진이탈리아당을 창당하고 총리 임기를 뒷받침했다.

독일의 상황은 사뭇 달라서 미디어가 우파 정당이든 좌파 정당이든 포퓰리즘당에 매우 적대적이다. 뚜렷한 포퓰리즘 담론을 퍼뜨리는 〈빌트〉 같은 타블로이드 신문마저 좌파 포퓰리즘당인 좌파당과 우파 포퓰리즘당인 공화당(Die Republikaner)을 맹렬히 공격한다. 최근 〈데일리 익스프레스〉가 포퓰리즘 지지로 돌아서긴 했지만, 영국의 상황도 비슷해 모든 타블로이드 신문이 영국국민당(British National Party)을 부정적인 제목으로 보도해왔다. 그중 가장 유명한 제목은

〈선〉의 '피투성이 잔혹한 사람들'이다. 포퓰리즘적 미디어와 포퓰리즘적 정치인의 이런 묘한 애증 관계는 세계 각지에서 꽤 흔하게 나타난다. 이는 타블로이드 미디어까지도 거의 언제나 주류 세력이 소유하고 운영한다는 사실의 결과다.

초국적 기구 역시 포퓰리즘 세력에 대처할 때 중요한 역할을 할 수 있다. 유럽연합과 미주국가기구의 핵심 기능 중 하나는 (자유)민주주의를 증진하고 보호하는 것이다. 실제로 두 기구는 때때로 포퓰리즘 세력의 집권(예컨대 2000년 오스트리아 자유당을 포함한 오스트리아 연립정부)이나 포퓰리스트의 어떤 조치(예컨대 1992년 페루 의회를 해산한 후지모리의 결정)에 격렬히 반발해왔다. 그럼에도 차베스와 오르반의 사례는 포퓰리스트를 상대하는 초국적 기구의 힘이 그리 강하지 않다는 것을 보여준다. 한 가지 원인은 각국 정부가 국제기구를 통해 자유민주주의적 기준을 얼마나 준수하는지 평가받기를 꺼린다는 데 있다. 더욱이 유럽연합 같은 초국적 기구에 가입할 자격을 따지는 기준은 나중에는 별반 도움이 되지 않는다. 일단 가입을 허용하고 나면 특정 국가가 민주주의와 법치를 고수하는지 감시할 능력이 거의 없기 때문이다. 마지막으로 일부 포퓰리스트는 실제로 국외의 지지 세력에 의존할 수 있다. 포퓰리스트와 비포퓰리스트를 망라하는 지지 세력은 포퓰리스트에 대한 국제적 제재를 막아주거나(유럽 인민당이 오르반을 지켜준 것처럼) 그 영향을 줄여줄 수 있다(차베스가 에콰도르와 니카라과의 포퓰리즘 정권을 도와준 것처럼).

그렇다면 포퓰리즘 정치의 공급에 대응하는 주요 방법들에 대한 이 짧은 논의로부터 무엇을 배울 수 있을까? 가장 유의미한 교훈은 포퓰리즘에 대처해 여러 전략을 구사할 수 있다는 것이다. 이 전략들은 대부분 완전 반대와 완전 협력이라는 양극단 사이에 위치한다. 한편으로 우리는 포퓰리즘 세력을 공격해 저지하고 그리고/또는 배척할 수 있다. 다른 한편으로 우리는 포퓰리스트가 제기하는 쟁점들(중 일부)을 고려하고 그리고/또는 포퓰리즘 세력을 정치체제에 완전히 통합하는(예컨대 연립정부를 수립하는) 방법으로 대응할 수 있다. 결국 어떤 포퓰리스트 도전자에게도 대처할 수 있는 하나의 가장 좋은 해결책은 존재하지 않는다. 모든 실제 전략은 완전 반대와 완전 통합이라는 양극단 사이 어딘가에 위치하며, 대부분의 경우 여러 전략을 결합시킨 형태로 구사된다.

어떤 전략이 더 효과적일지는 대체로 민주주의와 포퓰리스트 도전자의 구체적인 특성에 달려 있다. 그렇지만 유감스럽게도 자주 제안되는 두 가지 부적절한 접근법을 지적할 수는 있다. 첫째, 많은 경우 기득권 행위자들은 포퓰리스트들에 대한 합동 정면공격에 나선다. '그들'을 싸잡아 '사악하다'거나 '어리석다'고 말하는 기득권 행위자들은 실은 포퓰리스

트들을 도와주는 꼴인데, 그들의 정치 투생을 '일 대 전부, 전
부 대 일'의 싸움으로 묘사할 기회를 주는 셈이기 때문이다.
둘째, 일부 기득권 행위자들은 포퓰리즘적 메시지를 어느 정
도 받아들여야만 포퓰리스트들을 패배시킬 수 있다고 주장한
다―서유럽의 몇몇 사회민주주의자가 극우 포퓰리스트를 물
리치기 위해 이런 제안을 했다. 두 접근법 모두 정치와 사회의
도덕화 및 양극화를 더욱 강화시켜 자유민주주의의 토대를
근본적으로 허무는 결과를 가져온다.

포퓰리즘의 비자유주의적 대응

포퓰리즘은 민주주의의 일부다. 그렇지만 민주주의의 거울
상보다는 자유민주주의의 (께름칙한) 양심에 더 가깝다. 민주
주의와 자유주의가 지배하는 세계에서 포퓰리즘은 본질적으
로 비민주적 자유주의에 대한 비자유주의적·민주적 대응이
되어왔다. 포퓰리스트는 헌법재판소나 국제 금융기구 같은
자유주의적 제도와 정책에 보이는 비민주적인 측면을 겨냥해
불편한 질문을 던진다. 그리고 흔히 인구 다수의 지지를 받는
비자유주의적 답변(사형제 재도입 같은)을 내놓는다. 자유민주
주의에는 다수의 바람과 소수의 권리 사이의 (잠재적) 긴장이
내재한다. 이런 이유로 오래전부터 헌법재판소가 때때로 정

부의 결정을 뒤엎는 판결을 내리곤 했다. 유명한 예로는 미국 대법원에서 각각 인종 분리를 금하고 낙태를 합법화한 브라운 대 교육위원회 사건(1954)과 로 대 웨이드 사건(1973)이 있다. 또한 지난 수십 년간 유럽중앙은행과 국제통화기금 같은 비선출 기구와 기술관료제적 제도가 중요한 정책 영역에 대한 통제권을 확립하고, 그로써 선출된 정치인의 권한을 심각하게 제한해왔다. 신자유주의적 개혁이 널리 실행되고 신공공관리론[시장 체제를 모방해 정부 관료제의 효율을 높이려는 행정 이론—옮긴이] 같은 프로그램이 채택된 결과, 각국 정부는 민간기업, 초국적 기구, 시장의 보이(지 않)는 손에 의해 몹시 제약받는 처지가 되었다.

주류 정치인들은 이런 정책들을 자진해 실행하면서도 시민들에게 납득시키려는 노력을 거의 하지 않았다. 오히려 강력한 국제기구(예컨대 유럽연합이나 국제통화기금)와 과정(예컨대 세계화) 때문에 받아들여야 하는 필요한 정책, 또는 심지어 불가피한 정책으로 제시하곤 했다. 이런 정책들 중 적어도 일부가 잘못되거나 의도치 않은 결과로 이어져 득보다 실이 많을 수도 있는 가능성에 대한 토론은 거의 이루어지지 않았다. 사실 엘리트층은 비선출 기구와 기술관료제적 제도의 증대하는 영향력을 활용해 긴축과 이민 같은 정치적 쟁점을 탈정치화하고, 그리하여 선거 패배의 위험을 최소화하려 했다. 이와 관련해 유럽연합보다 더 나은 실례는 없을 것이다. 유럽연합은 선출되지 않았고 따라서 대체로 대중의 압력에 영향받지 않는 기관들에 권한을 위임하기 위해 의식적으로 꾸린 조직이다. 따라서 '민주주의 결핍'이 유럽연합과 거의 동의어가 되어왔다는 것, 포퓰리스트들이 유럽연합에 갈수록 회의적인 태도를 보인다는 것은 놀랄 일이 아니다. 그들은 국가와 유럽의 엘리트들이 막강한 초국적 기구를 만들어 민중을 희생시키고 민중의 바람과 상반되는 (신)자유주의를 촉진해왔다고 비난한다.

포퓰리즘이 여러 형태와 스타일로 나타나고 서로 딴판인 문화적·정치적 맥락에서 민중을 동원하긴 하지만, 포퓰리스트라면 누구나 정치적 논쟁을 도덕화하고 무시당한 쟁점과 집단을 (재)정치화하려 한다. 포퓰리즘이 복잡한 문제에 으레 단순한 해법을 내놓긴 하지만, 이는 반포퓰리즘도 마찬가지다. 포퓰리스트들은 자유민주주의 체제를 포함해 모든 정치 체제에 까다로운 도전을 제기한다. 포퓰리즘에 대처하는 최선의 방법은, 실천하기 어렵긴 하지만, 포퓰리스트 행위자 및 지지자와 열린 대화를 하는 것이다. 대화의 목표는 포퓰리스트 엘리트와 대중의 주장이나 고충을 더 잘 이해하고 자유민주주의적 대응법을 마련하는 것이어야 한다. 동시에 실무자와 학자는 메신저보다 메시지에 더 초점을 맞추어야 한다. 포퓰리스트는 틀렸다고 미리 단정할 것이 아니라 그들이 제안한 정책이 자유민주주의 체제 안에서 얼마만큼 장점이 있는지를 진지하게 검토해야 한다.

포퓰리즘 세력의 지지층과 더 나아가 엘리트층의 일부까지 설득하려는 자유민주주의자들은 '민중'에 영합하는 단순한 해결책과 평범한 시민들의 도덕적·지적 능력을 무시하는 엘리트주의적 담론을 모두 피해야 한다. 그런 해결책과 담론은 포퓰리즘 세력을 강화할 뿐이다. 포퓰리즘이 대개 옳은 질문을 하고 틀린 답을 내놓는다는 것을 고려하면, 포퓰리즘 공급을 없애는 일뿐 아니라 포퓰리즘 수요를 줄이는 일까지 궁극적인 목표로 삼는 것이 가장 중요하다. 포퓰리즘 수요를 줄여야만 자유민주주의가 실제로 강화될 것이다.

감사의 말

원고(의 일부)를 읽고 피드백을 해준 여러 동료와 친구들에게 감사드린다. 벤 스탠리, 카를로스 데 라 토레, 얀베르너 밀러, 케네스 로버츠, 커크 호킨스, 루크 마치, 메리언 갤러거, 마테이스 로드윈, 폴 루카디, 페트르 코페키, 사라 더 랑어, 티츠커 아케르만이 그들이다. 또 우리는 암스테르담대학(2015년 3월)과 테살로니키 아리스토텔레스대학(2015년 6월)에서 원고의 일부를 발표하고 학회 참가자들로부터 건설적인 비평을 듣기도 했다. 두 집단의 익명 검토위원들이 책 출간제안서와 전체 원고를 읽고 피드백을 해주었고, 옥스퍼드대학 출판부, 특히 낸시 토프와 엘다 그라나타가 집필을 지원해주었다. 에드가르 베렌드선과 크리스토발 산도발도 집필하는 내내 큰 도움을 주었다.

카스 무데는 2009~2010년 펠로우십 기간에 유럽 외부의 포퓰리즘에 관해 파고들 수 있게 해준 노터데임대학 켈로그 국제학연구소의 지원에 감사드린다. 또한 2015년 봄에 이 책 원고를 쓰고 세계 각지의 동료들과 초고에 대해 논의할 수 있도록 휴가를 준 조지아대학 국제관계학부에 감사드린다. 마지막으로, 예전 박사과정 학생이자 현재 친구로서 포퓰리즘에 관한 이해를 증진하는 데 결정적인 도움을 준 얀 야허르스에게 특히 고마움을 표한다.

크리스토발 로비라 칼트바서는 칠레 국립과학기술개발재단(FONDECYT, 프로젝트 1140101)과 칠레 밀레니엄과학계획(프로젝트 NS130008)의 지원에 감사드린다. 또한 디에고포르탈레스대학의 지원과 2015년 7~8월에 베를린 사회과학연구소(WZB)에 머무르며 집필할 수 있게 해준 독일 학술교류처(DAAD)의 지원에 감사드린다. 마지막으로, 이 프로젝트를 지원해준 칠레 산티아고의 로사나 카스티글리오니와 마누엘 비쿠냐, 베를린의 볼프강 메르켈과 고트룬 모우나에게도 감사드린다.

참고문헌

제1장 포퓰리즘이란 무엇인가?

Margaret Canovan, *The People* (Cambridge, UK: Polity, 2005).

Rudiger Dornbusch and Sebastian Edwards, eds., *The Macroeconomics of Populism in Latin America* (Chicago: University of Chicago Press, 1992).

Lawrence Goodwyn, *Democratic Promise: The Populist Moment in America* (New York: Oxford University Press, 1976).

Richard Hofstadter, *The Age of Reform: From Bryan to FDR* (New York: Knopf, 1955).

Ghita Ionescu and Ernest Gellner, eds., *Populism: Its Meaning and National Characteristics* (New York: Macmillan, 1969).

Ernesto Laclau, *On Populist Reason* (London: Verso, 2005).

Ernesto Laclau and Chantal Mouffe, *Hegemony and Socialist Strategy: Towards a Radical Democratic Politics* (London: Verso, 1985).

Cas Mudde, "The Populist Zeitgeist." *Government and Opposition* 39.4 (2004): 541–563.

Cas Mudde and Cristóbal Rovira Kaltwasser, "Populism", in *The Oxford Handbook of Political Ideologies*, eds. Michael Freeden, Lyman Tower Sargent, and Marc Stears, 493–512 (Oxford: Oxford University Press, 2013).

Carl Schmitt, *Der Begriff des Politischen* (Berlin, Germany: Dunckler & Humblot, 1929).

Paul Taggart, *Populism* (Buckingham, UK: Open University Press, 2000).

Kurt Weyland, "Clarifying a Contested Concept: Populism in the Study of Latin American Politics." *Comparative Politics* 34.1 (2001): 1–22.

제2장 세계 각지의 포퓰리즘

Carlos de la Torre, *Populist Seduction in Latin America*, rev. ed. (Athens: Ohio University Press, 2010).

Michael Kazin, *The Populist Persuasion: An American History*, rev. ed. (Ithaca, NY: Cornell University Press, 1995).

Kosuke Mizuno and Pasuk Phongpaichit, eds., *Populism in Asia* (Singapore: NUS Press and Kyoto University Press, 2009).

Cas Mudde, *Populist Radical Right Parties in Europe* (Cambridge, UK: Cambridge University Press, 2007).

Cas Mudde and Cristóbal Rovira Kaltwasser, "Exclusionary vs. Inclusionary Populism: Comparing Contemporary Europe and Latin America", *Government and Opposition* 48.2 (2013): 147–174.

Danielle Resnick, *Urban Poverty and Party Populism in African Democracies* (Cambridge, UK: Cambridge University Press, 2013).

Cristóbal Rovira Kaltwasser, "Latin American Populism: Some Conceptual and Normative Lessons", *Constellations* 21.4 (2014): 494–504.

Marian Sawer and Berry Hindess, eds., *Us and Them: Anti-elitism in Australia* (Perth, Australia: API Network, 2004).

Yannis Stavrakakis and Giorgos Katsambekis, "Left-Wing Populism in the European Periphery: The Case of SYRIZA", *Journal of Political Ideologies* 19.2 (2014): 119-142.

제3장 포퓰리즘과 동원

Daniele Albertazzi and Duncan McDonnell, eds., *Twenty-First Century Populism: The Spectre of Western Democracy* (Basingstoke, UK: Palgrave Macmillan, 2008).

Sergio Anria, "Social Movements, Party Organization, and Populism: Insights from the Bolivian MAS", *Latin American Politics & Society* 55.3 (2013): 19-46.

Davis Art, *Inside the Radical Right: The Development of Anti-immigrant Parties in Western Europe* (Cambridge, UK: Cambridge University Press, 2011).

Paris Aslanidis, "Populist Social Movements of the Great Recession", *Mobilization: An International Quarterly* 21.3 (2016): 301-321.

Julio Carrión, ed., *The Fujimori Legacy: The Rise of Electoral Authoritarianism in Peru* (University Park: Pennsylvania State University Press, 2006).

Catherine Fieschi, *Fascism, Populism, and the French Republic: In the Shadow of the Republic* (Manchester, UK: Manchester University Press, 2004).

Ronald Formisano, *The Tea Party* (Baltimore: John Hopkins University Press, 2012).

Kenneth Roberts, "Populism, Political Conflict, and Grass-Roots Organization in Latin America", *Comparative Politics* 26.2 (2006): 127-

148.

Elmer E. Schattschneider, *The Semi-sovereign People: A Realist's View of Democracy in America* (New York: Holt, Rinehart and Winston, 1960).

Sidney Tarrow, *Power in Movement: Social Movements and Contentious Politics*, rev. ed. (Cambridge, UK: Cambridge University Press, 2011).

제4장 포퓰리스트 지도자

Kirk A. Hawkins, "Is Chavez Populist? Measuring Populist Discourse in Comparative Perspective", *Comparative Political Studies* 42.8 (2009): 1040–1067.

Karen Kampwirth, ed., *Gender and Populism in Latin America: Passionate Politics* (University Park: Pennsylvania State University Press, 2010).

John Lynch, *Caudillos in Spanish America, 1800-1850* (Oxford: Clarendon, 1992).

Raúl Madrid, "The Rise of Ethnopopulism in Latin America", *World Politics* 60.3 (2008): 475–508.

Cas Mudde and Cristóbal Rovira Kaltwasser, "Populism and Political Leadership", in *The Oxford Handbook of Political Leadership*, edited by R. A. W. Rhodes and Paul 't Hart, 376–388 (Oxford: Oxford University Press, 2014).

Cas Mudde and Cristobal Rovira Kaltwasser, "Vox Populi or Vox Masculini? Populism and Gender in Northern Europe and South America", *Patterns of Prejudice* 49.1–2 (2015): 16–36.

Paul Taggart, *Populism* (Buckingham, UK: Open University Press, 2000).

Max Weber, *Politik als Beruf* (Stuttgart, Germany: Reclam, 1992[1919]).

제5장 포퓰리즘과 민주주의

Robert Dahl, *Polyarchy* (New Haven, CT: Yale University Press, 1971).

Ernesto Laclau, *On Populist Reason* (London: Verso, 2005).

Steven Levitsky and Lucan Way, *Competitive Authoritarianism: Hybrid Regimes after the Cold War* (Cambridge, UK: Cambridge University Press, 2010).

Cas Mudde, "The Populist Radical Right: A Pathological Normalcy", *West European Politics* 33.6 (2010): 1167-1186.

Cas Mudde and Cristóbal Rovira Kaltwasser, eds., *Populism in Europe and the Americas: Threat or Corrective for Democracy?* (Cambridge, UK: Cambridge University Press, 2012).

Guillermo O'Donnell and Philippe C. Schmitter, *Transitions from Authoritarian Rule: Tentative Conclusions* (Baltimore: Johns Hopkins University Press, 1986).

Pierre Rosanvallon, *Counter-Democracy: Politics in an Age of Distrust* (Cambirdge, UK: Cambridge University Press, 2008).

Cristóbal Rovira Kaltwasser, "The Responses of Populism to Dahl's Democratic Dilemmas", *Political Studies* 62.3 (2014): 470-487.

Kathryn Stoner and Michael McFaul, eds., *Transitions to Democracy: A Comparative Perspective* (Baltimore: Johns Hopkins University Press,

2013).

Charles Tilly, *Democracy* (Cambridge, UK: Cambridge University Press, 2013).

제6장 원인과 대응

Sonia Alonso and Cristóbal Rovira Kaltwasser, "Spain: No Country for the Populist Radical Right?", *South European Society and Politics* 20.1 (2015): 21–45.

Kirk Hawkins, *Venezuela's Chavismo and Populism in Comparative Perspective* (New York: Cambridge University Press, 2010).

Piero Ignazi, "The Silent Counter-Revolution: Hypotheses on the Emergence of Extreme Right-Wing Parties in Europe", *European Journal of Political Research* 22.1 (1992): 3–34.

Ronald Inglehart, *The Silent Revolution: Changing Values and Political Styles among Western Publics* (Princeton: Princeton University Press, 1977).

Karl Löwenstein, "Militant Democracy and Fundamental Rights", *American Political Science Review* 31.3 (1937): 417–432.

Peter Mair, "Representative versus Responsible Government", *MPIfG Working Paper* 8 (2009): 1–19.

Jan-Werner Müller, "Defending Democracy with the EU", *Journal of Democracy* 24.2 (2013): 138–149.

Thomas Payne, *Common Sense* (London: Penguin, 1982[1776]).

Cristóbal Rovira Kaltwasser and Paul Taggart, "Dealing with Populists in Government: A Framework for Analysis", *Democratization* 23.2 (2016): 201−220.

Wolfgang Streeck, *Buying Time: The Delayed Crisis of Democratic Capitalism* (London: Verso, 2014).

독서안내

Berlet, Chip, and Matthew N. Lyons. *Right-Wing Populism in America: Too Close for Comfort*. New York: Guilford Press, 2000.

Conniff, Michael L., ed. *Populism in Latin America*. 2d ed. Tuscaloosa: University of Alabama Press, 2012.

de la Torre, Carlos, ed. *The Promise and Perils of Populism: Global Prespectives*. Lexington: University of Kentucky Press, 2015.

de la Torre, Carlos, and Cynthia J. Arnson, eds. *Latin American Populism in the Twenty-First Century*. Washington, DC: Woodrow Wilson Center Press, 2013.

Formisano, Ronald. *The Tea Party*. Baltimore: Johns Hopkins University Press, 2012.

Kazin, Michael. *The Populist Persuasion: An American History*. Rev. ed. Ithaca, NY: Cornell University Press, 1998.

Kriesi, Hanspeter, and Takis Pappas, eds. *European Populism in the Shadow of the Great Recession*. Colchester, UK: ECPR Press, 2015.

Laclau, Ernesto. *On Populist Reason*. London: Verso, 2005.

Mudde, Cas, and Cristóbal Rovira Kaltwasser, eds. *Populism in Europe and the Americas: Threat or Corrective for Democracy?* Cambridge, UK: Cambridge University Press, 2012.

Panizza, Francisco, ed. *Populism and the Mirror of Democracy*. London: Verso, 2005.

Taggart, Paul. *Populism*. Buckingham, UK: Open University Press, 2000.

역자 후기

몇 해 전만 해도 포퓰리즘을 '대중영합주의', '대중주의', '민중주의', '인민주의' 등 여러 용어로 옮기곤 했으나 이제는 학계에서나 미디어에서나 그냥 '포퓰리즘'으로 쓰는 추세인 듯하다. 그만큼 포퓰리즘이 우리에게 익숙한 용어로 자리잡았다는 방증이겠다. 그렇지만 반대로 생각하면 단일한 번역어로 정착시키지 못할 만큼 포퓰리즘의 의미를 둘러싼 혼란이 여전하다는 증거일 수도 있다. 실제로 '포퓰리스트'니 '포퓰리즘 정책'이니 하는 용례들을 보면 하나같이 비난조로 쓴다는 것은 알겠으나 과연 서로 같은 뜻으로 쓰는지는 의문이다. 두 저자의 지적대로, 심지어 연구자들마저 포퓰리즘을 이데올로기, 운동, 신드롬 등으로 서로 다르게 정의하는 실정이다.

이 책의 장점은 무엇보다 이 혼란스럽고 까다로운 개념에 대한 유익한 정의를 제시한다는 데 있다. 저자들이 생각하는 포퓰리즘이란 "사회가 궁극적으로 서로 적대하는 동질적인 두 진영으로, 즉 '순수한 민중'과 '부패한 엘리트'로 나뉜다고 여기고 정치란 민중의 일반의지의 표현이어야 한다고 주장하는, 중심이 얇은 이데올로기"다. 이 정의는 포퓰리즘의 핵심을 포착하는 동시에 어떤 정치인이나 정당이나 현상이 포퓰리즘적인지 아닌지 구분할 수 있게 해주는 실용성까지 갖추었다. 가령 기득권층을 부패한 무리로 싸잡아 비난하면서 민중의 뜻대로 국가를 운영해야 한다고 줄기차게 주장하는 정치인은 포퓰리스트로 분류할 수 있다. 포퓰리즘/비포퓰리즘을 나누는 기준을 제시한다는 것 외에 이 정의는 포퓰리즘의 스펙트럼이 유달리 넓은 이유도 알려준다. 포퓰리즘은 '중심이 얇은 이데올로기'인 까닭에 세계를 포괄적으로 설명하지도 못하고, 정교한 행동 전략을 제시하지도 못한다. 그래서 자유주의나 사회주의처럼 중심이 두꺼운 '숙주' 이데올로기에 기생해야 하며, 어떤 환경에서 어떤 이데올로기에 기생하느냐에 따라 극히 다양한 형태로 나타난다.

이 책의 다른 장점은 포퓰리즘 현상의 중심에 있는 포퓰리스트 지도자들의 공통점을 명료하게 설명한다는 것이다. 포퓰리스트 지도자들은 모두 '민중의 목소리', 즉 보통사람들의 진성한 내표를 자처한다. 이 '민중의 목소리' 이미지를 구축하기 위해 포퓰리스트 지도자들은 자신을 엘리트와 분리하는 한편 민중과 연결하려 한다. 다시 말해 자신이 부패한 엘리트의 일원이 아니라는 것과 순수한 민중의 일원이라는 것을 어떻게든 납득시키려 한다. 엘리트와 거리를 두는 방법은 자신을 '정치 아웃사이더', 정치 신인으로 내세우는 것이다. 포퓰리스트들은 자신이 기득권층과의 연줄이 아니라 순전히 재능을 바탕으로 자수성가한 청렴한 사람이라고 역설한다. 그리고 사적 이익을 위해서가 아니라 보통사람들을 대변하기 위해 마지못해 정계에 진출했다고 주장한다. 이런 공통점을 저자들은 이렇게 요약한다. "포퓰리즘은 평범한 이력을 쌓아가는 비범한 지도자들의 보통사람들을 위한 정치"다.

이 책의 마지막 장점을 꼽자면, '포퓰리즘과 민주주의의 관계'를 포괄적이고도 다면적으로 논한다는 것이다. 포퓰리즘이 민주주의와 근본적으로 갈등한다는 통념은 오해다. 민중의 일반의지를 무엇보다도 우선시하는 포퓰리즘은 민주주의의 핵심 원리인 국민주권과 다수결을 지지한다. 요컨대 포퓰리즘은 본질적으로 민주적인 이데올로기다. 포퓰리즘과 충돌하는 체제는 민주주의가 아니라 '자유'민주주의다. 자유민주주의 체제는 표현의 자유와 소수자의 권리 등 기본권을 보호하고 '다수의 폭정'을 막는 기구들을 제도화한다. 그런데 포퓰리즘은 사법부와 미디어처럼 선출되지 않은 기구들이 민중의 의지를 제약해서는 안 된다고 주장한다. 이 주장은 자유민주주의에 내재하는 난제, 즉 다수결 원리와 소수자 권리를 조화시켜야 하는 난제를 겨냥한다. 이는 자유민주주의 체제에서 대처하기 어려운 공격인데, 다수결 원리와 소수자 권리 중 어느 쪽도 포기할 수 없기 때문이다. 따라서 포퓰리즘이 이 난제를 통해 불만을 결집시키고 세력을 키울 가능성은 자유민주주의에 상존하는 위험이라고 말할 수 있다.

그렇다면 포퓰리즘에 어떻게 대응해야 할까? 포퓰리즘에 대응하기 어려운 주된 이유 중 하나는 포퓰리즘에 대한 수요가 적지 않다는 사실에 있다. 인구의 상당 부분은 기득권층이 구제불능으로 부패했고 민중이 직접 주권을 행사해야 한다고 생각하는 등 포퓰리즘 이념의 중요한 측면을 지지한다. 이렇게 잠재해 있는 포퓰리즘 정서는 부패 스캔들이 터지거나 경제위기가 닥칠 경우 활성화되고 표출될 수 있다. 게다가 포퓰리스트는 기득권 정치 세력이 충분히 제기하지 않고 있는 사회적 불만을 감지하고 정치 쟁점화하는 데 능하다. 저자들은 제도적 부패와 사회적 불만을 감소시켜 궁극적으로 포퓰리즘 수요를 줄이는 것이 중요하다고 지적한다. 샹탈 무페처럼 '좌파 포퓰리즘'을 주장하는 이론가도 있지만, 저자들은 포퓰리즘적 메시지를 일부 수용하는 선택이 자유민주주의의 토대를 허무는 결과를 가져올 수 있다고 경고한다. 그럼 우리 개개인은 어떻게 대처해야 할까? 자유민주주의 체제에서 포퓰리즘의 잠재성은 피할 수 없는 현실이므로, 우선 우리 모두의 내면에 '휴면중인 포퓰리스트'가 있다는 데 유념해야겠다.

독서안내

『헤게모니와 사회주의 전략』, 에르네스토 라클라우·샹탈 무페, 이승원 옮김, 후마니타스

『정치적인 것의 개념』, 카를 슈미트, 김효전·정태호 옮김, 살림

『포퓰리즘』, 폴 태가트, 백영민 옮김, 한울

『절반의 인민주권』, E. E. 샤츠슈나이더, 현재호·박수형 옮김, 후마니타스

『직업으로서의 정치』, 막스 베버, 전성우 옮김, 나남출판

『위기의 민주주의』, 찰스 틸리, 이승협·이주영 옮김, 전략과문화

『민주주의는 어떻게 오는가』, 로널드 잉글하트·크리스찬 웰젤, 지은주 옮김, 김영사

『좌파 포퓰리즘을 위하여』, 샹탈 무페, 이승원 옮김, 문학세계사

『포퓰리즘의 세계화』, 존 B. 주디스, 오공훈 옮김, 메디치미디어

『포퓰리즘과 민주주의』, 진태원 엮음, 소명출판

『포퓰리즘의 거짓 약속』, 세바스티안 에드워즈, 이은진 옮김, 살림

『정치체제로서의 포퓰리즘』, 유종해·김택 지음, 이담북스

『누가 포퓰리스트인가』, 얀 베르너 뮐러, 노시내 옮김, 마티

도판 목록

포퓰리즘
POPULISM

초판 1쇄 발행 2019년 8월 12일
초판 3쇄 발행 2022년 2월 21일

지은이 카스 무데·크리스토발 로비라 칼트바서
옮긴이 이재만
펴낸이 신정민

편집 최연희 정소리
디자인 강혜림
저작권 박지영 이영은 김하림
마케팅 김선진 배희주
브랜딩 함유지 함근아 김희숙 정승민
제작 강신은 김동욱 임현식

제작처 한영문화사(인쇄) 한영제책사(제본)
펴낸곳 (주)교유당
출판등록 2019년 5월 24일
　　　　　제406-2019-000052호
주소 10881 경기도 파주시 회동길 210
문의전화 031)955-8891(마케팅)
　　　　　031)955-2692(편집)
팩스 031)955-8855
전자우편 gyoyudang@munhak.com
ISBN 979-11-90277-02-0 03300